图灵教育

站在巨人的肩膀上

Standing on the Shoulders of Giants

TURING 图灵经典

[美]

唐纳德·C. 高斯
< Donald C. Gause >

杰拉尔德·M. 温伯格
< Gerald M. Weinberg>

著

李心怡

译

你的灯亮着吗

如何找到真问题

ARE YOUR LIGHTS ON?

HOW TO FIGURE OUT
WHAT THE PROBLEM REALLY IS

人民邮电出版社

北京

图书在版编目（CIP）数据

你的灯亮着吗 : 如何找到真问题 : 10万册纪念版 /
（美）唐纳德·C.高斯著 ；（美）杰拉尔德·M.温伯格著 ；
李心怡译. -- 北京 : 人民邮电出版社，2022.6
（图灵经典）
ISBN 978-7-115-59170-8

Ⅰ. ①你… Ⅱ. ①唐… ②杰… ③李… Ⅲ. ①分析问
题和解决问题能力 Ⅳ. ①G442

中国版本图书馆CIP数据核字(2022)第072614号

内 容 提 要

本书以别具一格的视角和幽默风趣的语言讨论了解决问题时有可能遇到的多种困难，并就如何训练思维能力为读者指点迷津。本书分六个主题，每个主题都由若干生动有趣和发人深省的小故事组成，巧妙地引导读者先确认真正的问题，然后明确问题该由谁解决，再确定问题的根源，最后决定到底想不想解决这个问题。

本书值得所有想找到真问题的读者细细品味。

◆ 著　　　　[美] 唐纳德·C. 高斯（Donald C. Gause）
　　　　　　[美] 杰拉尔德·M. 温伯格（Gerald M. Weinberg）
　译　　　　李心怡
　责任编辑　王振杰
　责任印制　彭志环

◆ 人民邮电出版社出版发行　　北京市丰台区成寿寺路 11 号
　邮编　100164　　电子邮件　315@ptpress.com.cn
　网址　https://www.ptpress.com.cn
　固安县铭成印刷有限公司印刷

◆ 开本：880×1230　1/32
　印张：6.875　　　　　　　2022 年 6 月第 1 版
　字数：130千字　　　　　　2025 年 9 月河北第 13 次印刷
　　　　著作权合同登记号　图字：01-2013-3129号

定价：59.80元
读者服务热线：(010)84084456-6009　印装质量热线：(010)81055316
反盗版热线：(010)81055315

谨以此书献给我们深爱的妻子。

在我们享受写作这本书的轻松时光时，她们其中一位不得不忍受与我们待在一起，另一位不得不忍受与我们分离。很难说她们两位谁从中受益更多。

目 录

推荐序　开始解决问题前，得先知道
　　　　"真问题"是什么　　　　　　　　　　VIII

前　言　　　　　　　　　　　　　　　　　　XII

001 　第一部分
　　　问题是什么

没解决过多少问题的新手们，总是在还没定义清楚待解决的问题时就草草提出解决方案。即使是有经验的老手，也会在外界逼着他们快点交出解决方案时屈服。

第 1 章　一个问题　　　　　　　　　　　　003

第 2 章　彼得·皮金霍尔发起了一项请愿活动　011

第 3 章　你的问题是什么　　　　　　　　　017

031　**第二部分**

这次的问题是什么

你永远无法确定已经找到的问题定义是否正确，但是永远不要停下寻找正确定义的脚步。

第 4 章　比利·布莱特艾斯大败竞标者　　　033

第 5 章　比利保持沉默　　　039

第 6 章　比利反思投标案　　　043

053　**第三部分**

问题到底是什么

如果你不能根据对问题的理解想出至少三个有可能出错的地方，那你就没有真正理解这个问题。

第 7 章　无尽的链条　　　055

第 8 章　忽视不协调之处　　　063

第 9 章　在特定层面上考虑问题　　　075

第 10 章　注意你所表达的含义　　　083

093　第四部分
这个问题该由谁解决

如果一个人身负解决问题的责任，自身却并不受问题困扰，
那就采取一些行动让他亲身体会到问题的严重性。

第 11 章　烟雾缭绕　　　　　　　　　　095

第 12 章　校园停车难问题　　　　　　　103

第 13 章　隧道尽头的灯光　　　　　　 · 113

119　第五部分
问题源自哪里

只要你能确认问题到底来自哪里，自然而然就会有人伸出援
手，特别是问题的根源在你自己身上时。

第 14 章　简妮特·贾沃斯基遇上了混蛋　　121

第 15 章　麦特兹锡恩先生解决了问题　　127

第 16 章　没事找事的人和领赏的人　　　137

第 17 章　考试和其他谜题　　　　　　　147

153　**第六部分**
你真的想解决问题吗

在正式开始着手解决任何一个问题之前，每一位立志成为问题解决者的人都应该问一问：我真的想找到解决方案吗？

第 18 章　不怕累的汤姆被玩具耍了　　　　　155

第 19 章　佩兴丝小姐的计谋　　　　　　　　167

第 20 章　一项优先级较高的任务　　　　　　173

187　**附　录**
得到听书文稿：想要解决问题，先得搞懂什么叫"问题"

推荐序　开始解决问题前，得先知道"真问题"是什么

　　为这本书写推荐序是一场非常特别的体验。作者充满创意的前言写作方式不仅唤起了我的幽默感，也导致我难以掌握他写作这本书的初衷与目的，因而不得不去对其创作背景作更深入的了解。这个过程拓展了我的知识体系，通过阅读本书的作者之一杰拉尔德·M. 温伯格[①] 的奠基之作《系统化思维导论》，我理解了为什么会有这本关于"如何找到真问题"的小书，还惊奇地发现，他也是咨询行业经典著作《咨询的奥秘：寻求和提出建议的智慧》[②]的作者。作为软件领域最著名的专家之一、美国计算机名人堂代表人物，温伯格的思想及著作影响了整整一代人。

---

① 杰拉尔德·M. 温伯格为本书作者之一，受限于背景资料不足，仅从温伯格的职业生涯及著作来推导出这本书的创作初衷，只代表我个人的学习领悟，如有误读或疏漏之处，还请见谅。——序者注

② 本书中文版已由人民邮电出版社出版。——编者注

爱因斯坦说过，要解决我们面对的重要问题，不能停留在当初制造它们的思维层面上。

和许多教授"如何解决问题"的技术书相比，《你的灯亮着吗》从一个独特的视角出发，它不是教我们怎么解决一个问题，而是告诉我们"如何处理一个问题"，也就是说，遇到问题时，最开始的几个想法应该是什么。

表面看来，这本书有 6 个部分，先定义①问题是什么，②这次的问题是什么，③问题到底是什么，然后分析④这个问题该由谁解决，再确认⑤问题源自哪里，最后，在正式开始着手解决任何一个问题之前，先问一问⑥"你真的想解决问题吗"。发现了吗？没有谈如何解决问题，这也是我一开始在读这本书时所产生的第一个困惑——对于一本问题解决书来说，它似乎不 MECE①。

无论是和麦肯锡问题解决七步法相比，还是和丰田问题解决八步法相比，本书都明显地侧重于解决问题之前的问题定义与分析，甚至焦点都不在于问题本身，而在于问题相关的人和这些人眼中的问题，从人出发去探索问题的本质，从单一视角切换到多重视角，从"解决一个问题"变成解决"一系列问题"，为找出适当的解决方案提供线索。

---

① MECE 指相互独立且穷尽所有可能。——编者注

这一点带给我很深的触动。由于身兼创业者和顾问两种身份，我在辅导企业的时候，不仅能从顾问的专业角度出发，还能从企业主的视角来看待问题，有时候还需要站在员工——往往也是问题解决者——的视角，才能识别真问题到底是什么。就像我的良师益友、著名组织发展顾问陈颖坚（Joey）常说的一句话："假如对问题没有达成共识，那么即使对解决方案达成共识也没有用。"想要解决问题的人，或者如作者在书中所说，没解决过多少问题的新手们，最容易陷入的误区，就是急于解决问题，在还没定义清楚要解决的问题之前，就草草提出解决方案，并且希望自己的解决方案被认可，却忽略了别人眼中的问题也许跟自己的认知不一致。在这种情况下，新手们往往会陷入固执己见和与人僵持不下的局面。

此外，本书所讲的"问题"，可能指的并不是一般的技术性问题，而是发生已久却一直没能被解决的问题，这样的问题往往带有一定程度的调试性[①]，需要去探寻表面问题背后的真问题是什么。

美国通用汽车公司管理顾问查尔斯·吉德林曾经提出过吉德林法则：把问题清清楚楚地写出来，问题便已经解决了一半。只有先认清问题，才能很好地解决问题。

---

① 技术性与调试性问题由哈佛大学教授隆纳·海非兹提出。——序者注

至此，我以为已经找到了《你的灯亮着吗》历经 40 年仍然广受欢迎的原因，它不是一本关于"如何解决问题"的书，而是一本关于"问题解决思维"的书。作者要我们在解决问题之前，先避免掉入自己主观的思维陷阱，能够从多元视角来看待问题，看见自己视角的局限性，从解决问题应该有的思维出发，正确地定义问题、理解问题，从而找到解决方案所需要的线索。

　　我的经验是，一旦能看见问题背后的真问题，答案往往就已经呼之欲出了。具体的方法，就在作者们所设计的一系列有趣的故事里，在此不剧透，留待读者们去一一发现了。

　　开始一场神奇的问题发现之旅吧！

林恒毅

连续创业者、瓶颈学社联合发起人，现任多家企业经营顾问

2022 年 4 月

前 言

问题： 没有人会阅读前言。

解决方案： 把前言当作第 1 章。

解决方案引发的新问题： 第 1 章变得味同嚼蜡。

新的解决方案： 删掉第 1 章，把第 2 章当作第 1 章。

第一部分

问题是什么

第 1 章　一个问题

第 2 章　彼得·皮金霍尔发起了
　　　　　一项请愿活动

第 3 章　你的问题是什么

" 没解决过多少问题的新手们，总是在
还没定义清楚待解决的问题时就草草
提出解决方案。即使是有经验的老手，
也会在外界逼着他们快点交出解决方
案时屈服。 "

第 1 章　一个问题

在哥谭市^①金融区的中心地带，矗立着一座新建成的 73 层建筑——雷龙大厦。尽管这座明亮耀眼的建筑杰作还未全部租出去，但租户发现电梯已经严重不够用了。一些租户甚至威胁说，如果再不改善电梯服务，就会立刻搬出去。

以下是雷龙大厦的一些相关信息：

○ 该大厦主要出租给企业作为办公室使用，办公时间
　一般是工作日上午 9 点到下午 5 点；

○ 几乎所有在这座建筑里工作的人，都或多或少涉足
　金融界；

○ 租户们均匀地分布在各层，电梯客流量也是如此；

---

① 美国 DC（Detective Comics，侦探漫画）漫画公司的作品中的一个虚拟城市。——编者注

○ 为了把剩余的办公室租出去，业主已经砸重金投放
  了大量的广告；
○ 在金融区这个人口密度极大的小圈子里，负面消息
  的传播速度像闪电一样快。

如何应对这一情况呢？

我们的脑海中会立刻冒出一些想法，比如：

○ 加快电梯的运行速度；
○ 在大楼内多挖一些井道，加装电梯；
○ 在楼外加装电梯；
○ 错峰上班，分散高峰时段的电梯客流；
○ 调整租户的楼层分布，以减少大楼内电梯的总负荷；
○ 限制进入大楼的客流量；
○ 把现有电梯的轿厢换成两层或三层的大轿厢；
○ 在每层楼内提供更多的服务，以减少人们往返于各
  楼层的次数；
○ 根据需求，为一些楼层做出特别安排，设置直达电梯。

我们天生就喜欢一碰到问题就想着去解决，所以立刻给出了
解决方案。不过，也许在给出答案之前先多问自己几个问题是更

明智的做法。

这是个什么类型的问题？是谁碰到了问题？碰到了什么问题？此时此刻，问题的本质究竟是什么？

想想"是谁碰到了问题"，其目的是：

◇ 定义谁是服务对象，也就是说，我们解决问题是为了让谁满意；

◇ 为找出适当的解决方案提供一些线索。

在第一个解决方案列表中，我们给出了多种不同的方案，但这些方案都出于相同的视角——解决的是电梯使用者的问题。

让我们试着切换到房东迪奥根尼斯·梁龙 ① 先生的立场。如果把他作为我们的服务对象，我们可能会得出一个完全不同的解决方案列表，比如：

◇ 涨房租，这样只需要更少的租户就可以偿还建楼时的分期贷款；

◇ 想办法让租户们相信，雷龙大厦是一个环境闲适的极佳工作场所，从电梯的拥挤情况就可以看出雷龙

---

① 原书为 Mr. Diogenes Diplodocus，diplodocus 原意为梁龙，是一种恐龙，下文将简称为梁龙先生。——译者注

我们天生就喜欢一碰到问题就想着去解决。

大厦有多么受欢迎；

◇ 在客流量较大的通道上，张贴每条步行路线所需要
的时间以及消耗的卡路里，说服租户们应多多锻炼
身体——多走楼梯而不是乘坐电梯；

◇ 烧毁大楼，收取火灾保险；

◇ 把承建大厦的建筑公司告上法院；

◇ 蹭隔壁大楼的电梯用。

这两个解决方案列表虽然不一定完全互斥，但确实存在一些
方向上的差别。这种差异会让我们克制住草草提出解决方案的冲
动，先考虑一下：

问题是什么？

没解决过多少问题的新手们，总是在还没定义清楚待解决的
问题时就草草提出解决方案。即使是有经验的老手，也会在外界
逼着他们快点交出解决方案时屈服。在此情况下，他们会找到许
多解决方案，却未必能"对症下药"。每个人都希望自己的解决
方案被认可，每个人都指责他人固执己见，却不曾想过其他人提
出的解决方案或许也不失为一种办法呢。

也不是每个致力于解决问题的组织都会忽视问题的定义。有
些人很可悲，他们无休止地纠结于定义本身，生怕问题定义得不
准确，却一直不敢鼓起勇气去解决问题。

没解决过多少问题的新手们，总是在还没定义清楚待解决的问题时就草草提出解决方案。即使是有经验的老手，也会在外界逼着他们快点交出解决方案时屈服。

事实上，对于日常生活中自然而然产生的问题，我们不可能只用一种独一无二的、完全明确的方式去定义。但是，如果对问题本身没有达成一定程度的共识，那么几乎毫无疑问，解决方案将无法解决真正的问题。它解决的通常是说话嗓门最大、口才最好或者资产最雄厚的人所认为的问题。

对于那些想要解决问题的人来说，他们要做的是替人消灾，最佳着手点在于从单一视角切换到多重视角——从"解决一个问题"变成"解决一系列问题"。如果你觉得拗口，我们可以把这种角色称为"多重问题解决者"。

为了实现这种视角切换，问题解决者应该在拿到问题的一开始就试着回答：

谁碰到了问题？

然后，针对给出答案的每一个利益方，问：

你的问题的本质是什么？

对于那些想要解决问题的人来
说，他们要做的是替人消灾，最
佳着手点在于从单一视角切换到
多重视角——从"解决一个问题"
变成"解决一系列问题"。

第 2 章　彼得·皮金霍尔发起了一项请愿活动

从上班族的角度来看，雷龙大厦的问题可以表述为：

我怎样才能花最少的时间和精力，受最少的气，去走完每天上下班的必经之路？

对梁龙先生来说，这个问题可以抽象为：

我要如何处理这些"该死的"抱怨？

如果这两大利益方（似乎没有其他利益方了）无法就问题本身达成一致，就不太可能得出一个令所有人都满意的解决方案。尽管希望渺茫，但一个高效的问题解决者必须努力促成一次双方会面——如果思想上不能互通，起码要面对面坐下来谈谈。

为了引起房东对"这一问题"的重视，完美金融信托公司（Finicky Financial Fiduciary，以下简称"3F 公司"）的邮差彼得·皮金霍尔发起了一项请愿活动。他利用邮差的职务便利，在 3F

公司搞到了很多人的签名，名单之长足以给人留下深刻的印象。再加上动用了与其他公司邮差们的关系，这份签名单上的名字又多了一些。

请愿书正是梁龙先生最不愿看到的，所以彼得必须得搞到很多签名。在梁龙先生看来，他的麻烦是要平息租户们的抱怨。如果这些抱怨只是人们口头上发发牢骚，没有白纸黑字记录下来，他也许还可以睁一只眼闭一只眼，这件事或许就这么大事化小，小事化了了。谁知道呢？或许这个问题根本就是子虚乌有！因此，当一份有着24个签名的请愿书摆在他面前时，梁龙先生选择了无动于衷。更确切地说，这封请愿书被盖了一个"收信人拒收"的戳，原封不动退了回去。

这种拒收请愿信，妄图让邮差打退堂鼓的行为，无异于痴人说梦。房东的解决办法起到的唯一作用，就是激怒了办公室的上班族们。他们采取了进一步行动来报复房东。（现在他们想出了一个办法！）

一大群职工代表前去找梁龙先生讨要说法，不过梁龙先生依旧充耳不闻，不理不睬。他的秘书则以"梁龙先生不在"为由，让职工代表们吃了闭门羹。

如果梁龙先生以为用这招可以"打退"那些请愿者，那他就太不了解邮差们不达目的誓不罢休的决心了。职工代表们讨论了一番应对策略后，决定去梁龙先生居住的斯卡斯代尔庄园拜访一趋。为了充分表达此行的用意，他们带了四个警戒拦桩、三枚臭气弹和两名移民劳工。直到梁龙太太忍无可忍，冲着丈夫大喊大叫，这才终于不再是一个子虚乌有的问题了。

在与职工代表团简短会面后，梁龙先生同意聘请一家咨询公司来调查。作为回应，职工代表们撤掉了警戒拦桩，解决了梁龙先生的燃眉之急：终于可以让梁龙太太消停一会儿了。

时间一天天过去了，职工们却发现情况没有得到任何改善，甚至连咨询顾问的影子都没看到。难道不应该出现几个梳着短发、打着领结的男人手拿活页夹找人访谈吗？至少，梁龙先生可以雇他的侄子来，穿上高领毛衣，拿着计算器四处晃晃嘛。

经过一番调查，彼得·皮金霍尔发现房东根本没去找咨询公司。职工们可没那么多闲工夫天天往斯卡斯代尔庄园跑，于是他们制定了一个新策略。

抗议活动的领袖们利用自己身为邮差的便利四处散布谣言说，如果再不尽快改善电梯的情况，美国劳工大会（American Congress of Labor，ACL）将把所有在雷龙大厦内工作的人都组织起来联合行动。到目前为止，租用雷龙大厦的公司管理层都不太关心电梯的情况。他们当中，有些人来得早走得晚，有些人来得晚走得早。他们养尊处优，有秘书送上咖啡，有厨师献上午餐，有邮差传递信件和其他必需品。

此外，尽管男士和女士洗手间分布于不同楼层，但每层楼都配备了一间面积不大、上锁的、设备齐全的卫生间，仅供男性高管使用（雷龙大厦内没有女性高管）。

ACL 要出面介入的流言一出，就快速传播开来。这让管理层们如芒在背。我们突然发现，问题出现了第三个利益方——公司高管们，他们开始用自己的方式来说服第二个利益方——房东。

此前，每个利益方都不愿认可另一方对于问题的定义，甚至连解释都懒得听。不过，现在我们终于看到了取得一点进展的迹象。当两大利益方一损俱损时，我们就知道这个问题终于能得到解决了。

对于这种策略，美国印第安人有个专门的俗语，叫作"穿上别人的软皮鞋走路"。特别是，如果这双鞋子是用湿牛皮制成的，效果就更"好"了。当你穿上它，它会在你脚上慢慢变干，直到"合脚"为止，此时我们就能对别人的处境感同身受了。

眼下，这个问题将如何得到解决还很难说。各租户的律师可能会撕毁租赁合同，或者转租出去。房东可以亏本出售大楼，或者直接从 73 楼跳下去，一了百了。这样的解决方案可能会产生新的问题，但现在有一件事是肯定的：之前的问题不能再拖了。

我们可能会想到各种各样的结果，这里不妨假设所有利益方都能足够冷静，理性行事。房东和律师们进行了会面，以确定这个问题的本质。经不住"ACL 要介入此事"的一再威胁，他们总算在最后关头才勉强选出了一名职工代表。在标榜了一番自己是多么正气凛然之后，各方都认识到，要想解决问题，手头的信息还不够。

对于过去的那些抱怨，梁龙先生已经决定既往不咎了，但他骨子里还是觉得那些上班族总是喜欢怨天尤人。这种印象太过强烈，他实在无法扭转。

公司高管们从来没有真正考虑过这个问题，了解到的信息也浮于表面。他们对任何形式的劳工联合都深痛恶绝，与劳工联合相比，这个问题其实无关紧要，但现在却迫在眉睫，亟待解决。

上班族们目前满脑子想的都是"打败那个该死的房东"，早就忘了自己的初衷——要求改善电梯服务。

抛开繁杂的细节不谈，我们直接说结果，即各方在此次会议上达成了以下共识：

◇ **房东感到不满是因为受到了骚扰；**
◇ **租用大厦的公司高管们不满，是因为他们的员工闹**
   情绪，进而点燃了劳工联合这颗不定时炸弹；
◇ **上班族们不满，不仅因为电梯不够用，而且还因为**
   房东无视了他们的诉求。

如此看来，问题不止一个，至少有三个。

从另一个角度来看，电梯问题仍然包含了三重内涵。

◇ 我们如何确定"问题的本质是什么"？

◇ 究竟哪里出了问题？

◇ 我们如何来解决问题？

第一个问题很快就被解决了。彼得·皮金霍尔接到了这项任务：找出到底哪里出了问题。他需要找到一个为各方所接受的问题定义。为了让彼得安心完成这项任务，3F 公司给他放了一个月的假。这就是对他主动出头的奖励——现在他要负责解决这个问题了。

如果你穿着彼得的皮鞋，你会怎么办？

第3章 你的问题是什么

感知 vs 期望

你是否曾有过这样的经历———天中诸事不顺，内心不禁生出感慨："天哪，我是不是出问题了？！"我们大多数人有过类似的经历，甚至有些人几乎每天都会碰上这种情况。他们之所以感到世事艰辛，是因为事物的发展方向背离了他们的期望，背离了他们所认为的"事物原本应该遵循的方式"。因此，他们也就自然而然地发出了这样的感慨："天哪，我是不是出问题了？！"因为现实与期望之间的差距恰恰就是问题本身。

问题即为现实感知与期望之间的差距。

如果你现在放下这本书，抬起头来环顾四周，那么很有可能可以列出几十或数百个"现实感知与期望之间的差距"。

事实上，为什么不试试看呢？

假设你刚刚享用完一顿丰盛的晚餐，然后坐在最舒适的椅子上打开了这本书，刚好看到这一页。你沉浸在幸福感中，以至于连一个"问题"都想不出来，更别提数百个了。然而，如果你稍微敏感一点，也许就会发现表 3-1 里这些现实感知与期望之间的差距。

表 3-1　现实感知 vs 期望

现实感知	期　　望
椅子旧了	崭新的椅子
孩子们太吵了	孩子们不吵不闹
脚疼	舒适的皮鞋
房间里太冷了	房间里温暖一点
房间里太热了	房间里凉快一点

第一列的前三个问题当然可以通过"视而不见"来解决，这个方法从古至今屡试不爽，其本质就是降低了我们的敏感度。当敏感度降低到一定程度时，我们就不会再感受到事物当下的状态和理想状态有什么区别了。此外，既然你已经意识到问题在于房间里太冷了，那很可能就会去把暖气开大点，或者干脆穿件毛衣，

问题即为现实感知与期望之间的差距。

毕竟我们身处"能源危机"时代。

但假设你看了一眼暖气，发现现在的室温是 25℃——这对任何一个"正常人"来说够暖和了，那么问题就不存在了吗？当然存在，只要你感受到的温度和你期望的温度不一样，你就依然会觉得有问题。知道"实际的温度"一点用都没有，除非你真的觉得够暖和了。在这个例子中，我们可以把够不够暖和归结为一种幻象问题，它主要源于感知上的不适。

注意，不要被误导了：

幻象问题是真实存在的问题。

由于室温已经达到了 25℃，你却觉得很冷，或许你会觉得自己可能是生病了。你可能会直接上床躺下，或者吃片药、喝杯水，或者躺在床上吃片药、喝杯水，也可能会约一下家庭医生（估计要排到明年 10 月了吧）。

不管怎样，这个问题已经不是最初的"房间里太冷了"，而变成了"为什么我觉得房间里这么冷？"或者"我是不是病了？"。

"是的，是的，"你坐在你那把旧椅子上喃喃自语，"孩子们在哐哐砸墙，我的脚疼得要命，暖气也不好使，可是我放不下这本书，我还不知道雷龙大厦的问题后来怎么样了呢。我可不想浪费时间，快点回到正题吧！快点继续吧！"

改变感知

很好，让我们把镜头切回到彼得·皮金霍尔这里吧。他正好在看一本关于如何解决问题的书，这本书让他认识到：

问题就是理想状态和现实状态之间的差距。

有了这一深刻认识（至少对于一个邮差来说算深刻吧）之后，彼得回过头去处理雷龙大厦的问题。据他分析，理想状态是等电梯只需要一小会儿，现实状态则是等待的时间太长了。

从这一角度来看，这个问题可以通过调整理想状态或者改变现实状态来解决。要么真的缩短等电梯的时间，要么想办法让等电梯"显得"没那么久。就在得出这一结论的同时，彼得刚好在一本教人解决问题的书里看到了一个类似的案例：有家公司总有员工在下班后跑下楼梯时摔伤。书里给出的解决方案是在每层楼梯的转角处都装上一面镜子。职工们在虚荣心的驱使下，会放慢跑出公司的脚步，瞄一眼镜子，稍微整理一下自己的仪容仪表。

彼得心想："也许我们安一个类似的装置就大功告成了。"听说彼得已经有了思路，他的雇主感到非常高兴，因为彼得一走，邮件投递就变得不太顺畅了，现在彼得终于能回来了。梁龙先生听了也深感欣慰，因为彼得的方法花不了多少钱，于是立刻同意在每层楼的电梯旁边都装上镜子。结果可想可知，抱怨声立刻减少了。老板重重地拍了拍彼得的肩膀以示鼓励，给他加了一点薪水，然后打发他回到收发室那张旧桌子旁边去了。

问题在于缺乏创意

唉，可惜哥谭市总是这么肮脏龌龊，和书里描述的那个纯洁无瑕的世界有天壤之别。不久，那些无处不在的"破坏分子"发现雷龙大厦里的镜子比凡尔赛宫的还多。没过几周，彼得就又被安排了一项特殊任务：想办法对付镜子上的涂鸦。

上次的经历让彼得养成了一个"坏"习惯：从书里找答案。接到新任务的时候，他正在读另外一本有关解决问题的书。从这本书里，他学到了这样一个思路：可以通过"让事情变得更糟糕"来找到解决问题的办法。"啊哈，"他脑中灵光一闪，"问题不在于涂鸦这个行为本身，而是在于有些涂鸦丝毫无创意可言。如果能让人们放慢脚步，那他们停下来之后是照镜子还是欣赏涂鸦又有什么区别呢？只要他们不会注意到电梯有多慢就行了。"

于是，彼得建议在每层楼都准备上蜡笔（当然是用绳子系在墙上的）。等电梯时，人人都可以在镜子上画自己喜欢的图案。老板又一次重重地拍了拍彼得的肩膀，又给他加了一点薪水（没上次多）。彼得带着胜利的喜悦回到了收发室。

我闻到了老鼠的味道

随着问题得到解决，生活恢复了平静。时间一天天过去，不知不觉中雷龙大厦迎来了它的一周岁生日。根据哥谭市的法律规定，一天上午，上进电梯公司的工程师来到雷龙大厦，进行年度巡检。

大厅里，成群的员工正拿着蜡笔转悠。这个情形让工程师们意识到，他们理想中的状态和看到的现实状态存在差距。他们觉得自己的职业自豪感被击碎了，因为上进电梯公司的口号是"上进电梯，无须等待"。

"我觉得不对劲，"一位工程师对其他人说，"一定是电梯的控制系统出问题了，如果上进电梯正常工作的话，绝对不会让这么多人等着。"

于是，工程师们开始查找问题的源头。你瞧，他们在主控制箱里发现了一只老鼠，它一定是安装电梯系统那天就被困在里面的。这只可怜的老鼠曾经徒劳地想要咬开一个洞逃出来，结果它用尽吃奶的力气拿它那小小的牙齿对着主控继电器咬了下去。240伏的电压立刻让它得到了解脱。这不仅使它免遭慢慢饿死的痛苦，而且还让它的尸体永远不朽地和继电器长眠在了一起。把死老鼠弄出来并换掉继电器有点恶心，不过这活儿并不难干。完成之后，工程师检查了一遍系统。现在，电梯的工作情况已经达到上进公司的标准了。

至少，他们这次终于彻底解决了这个问题

工程师们在离开之前去见了梁龙先生，并把那只死而不朽的老鼠扔在桌上，傲慢地问："即便你不能保证把大楼打扫干净，至少可以在发现电梯运行很慢之后跟我们联系一下吧？难道你没有意识到这么差劲的服务可能会让你失去租客吗？"

"哎呀，"梁龙先生扯谎道，"至少你们总算是彻底解决了这个问题嘛。"就在当天早上，他刚刚收到来自市容风化协会雷龙大厦分会的请愿书——"抱怨涂鸦不雅观"。梁龙先生以为，这下之前的那些"解决方案"很快就会土崩瓦解，但现在他只需要把那些该死的镜子拆掉就行了。

梁龙先生长出了一口气，亲自把工程师们送到了大门口。马上就到五点钟了，他想看看职员们发现电梯提速之后有多开心。

下班铃一响，职员们就像潮水一样从各自的办公室涌向电梯，每个人都想争当第一个拿到蜡笔的人。然而，现在电梯正常运行了，人们还没来得及胡乱画点东西就被送到了一楼。往常，慢吞吞的电梯需要 15 ~ 20 分钟才能把这几百号员工都送下楼，可现在，一眨眼的工夫，所有人都挤到了地铁进站口——永远熙熙攘攘的地铁站根本容不下这么多人。

在一片混乱中，5 个人热得晕了过去，7 个人因被踩伤而进了医院。可怜的梁龙先生被人挤着摔下了楼梯，直直地穿过检票

口，一直滚到了月台上。

因为斯卡斯代尔庄园附近没有开通地铁，所以梁龙先生以前从来没进过地铁站。他不知道该如何恰当地抬肘保护自己，结果被挤到了月台，直接撞上了呼啸而来的列车。

各公司的管理人员和普通职员都出席了梁龙先生的葬礼。尽管梁龙先生是个贪婪的小"暴君"，但在解决电梯问题的过程中，他们已经认识了这位房东，并对他怀有敬意。为了表明他们虽然曾经和梁龙先生存在分歧，但已冰释前嫌，彼得·皮金霍尔受托代表雷龙大厦所有租户为梁龙先生致悼词。

彼得从过去一年中发生的故事讲起，谈了他和梁龙先生相识的过程，并对梁龙先生的观点表示了赞赏。最后，彼得伤感地说："电梯问题刚刚得到彻底解决，梁龙先生就突然离开了我们，这太遗憾了。我们一直都不知道问题究竟是什么，直到彻底摆脱了电梯问题。"

彩蛋

当彼得悲伤地离开梁龙先生的墓地时，一位和蔼的老人抓住了他的手臂，他隐约觉得这位老人有些面熟。"我是 E. J. 科威尔，我开的 E. J. 科威尔百货大楼和雷龙大厦中间就隔着一条小巷子。

你给梁龙致的那篇悼词可太感人了。"

"谢谢。"彼得发自内心地说，他很高兴自己的演讲打动了听众。"我真的觉得自己辜负了梁龙先生，他当时那么相信我解决问题的能力。"

"噢，不要自责，年轻人。等你到了我这个岁数就会明白，在生活中重要的事情面前，我们是多么无能为力。"

"也许是吧，"彼得回答说，"我只是后悔有些话不该跟他说的，尤其是当他认为我不够严肃的时候。"

"比如？"

"我印象特别深的是，有一次我提了一些不切实际的建议，比如说把大楼给烧了。他当时真的生气了。"

"他不该生气的，确实有很多房东把自己的房产烧了领保险赔偿金。我的生意要是像现在这样惨淡下去，没准得考虑一下这个法子了。"

"噢，把他激怒的不是那条建议，我觉得他真的认真考虑过烧了雷龙大厦。真正让他生气的是，我建议让人们蹭隔壁大厦的电梯用。"

"可是这很滑稽啊，"科威尔先生笑了，"为什么他听到这么好的一个笑话会发火呢？"

"他觉得此情此景之下根本不应该开玩笑，所以把我赶出了办公室。'你要怎么做才能蹭到另外一座大楼的电梯呢？'他问我。

我给不出一个合理的答案，所以他就把我赶出来了。"

"好吧，那你在提建议的时候自己是怎么想的呢？"

"我不知道。我只是脑子里突然冒出了这个想法，觉得还挺有意思挺好笑，所以我就说了。"

"这可太糟糕了，"科威尔先生陷入了沉思，"如果你真能让一座大楼用上另一座大楼的电梯，我倒是有个机会给你。"

"您的意思是？"彼得问。

"我的生意很不景气，几乎没几个顾客会用电梯，大量的电梯运力就这么白白浪费了，而我的百货商店就挨着雷龙大厦。"

"科威尔先生！"彼得兴奋地打断了他，开始滔滔不绝起来，"可以在两座大楼之间建一两条人行通道。人们要是挤不进雷龙大厦的电梯，就可以走通道去你的百货商店坐电梯！事实上，我们早就该这么做了！"

"要是梁龙先生还活着就好了，"科威尔先生思索着，"修建那些人行通道的费用我愿意全包了，只要能给我多招揽些生意就行。你们来'蹭'我的电梯，我高兴还来不及呢。"

"哎呀，"彼得乐观地说，"我们还有机会呢。也许梁龙先生的继承人比他更乐意接受这条建议！"

事实上，的确是这样的。

有趣的一课

这又给彼得上了宝贵的一课：

别去费力帮那些缺乏幽默感的人解决问题。

别去费力帮那些缺乏幽默感的人
解决问题。

第
二
部
分

这次的
问题
是
什么

第 4 章　比利·布莱特艾斯大败
　　　　竞标者

第 5 章　比利保持沉默

第 6 章　比利反思投标案

" 你永远无法确定已经找到的问题定义
是否正确，但是永远不要停下寻找正
确定义的脚步。 "

第4章　比利·布莱特艾斯
大败竞标者

在计算机领域，你可以学习到各种各样关于如何定义问题的经验和教训。在接下来的这个故事里，我们的客户是一家大公司，与问题相关的人包括总裁、副总裁和审计师。问题的重要性完全配得上这样豪华的阵容：这是一桩总价数千万美元的政府剩余资产竞购案。

竞购采用密封投标法，由 4 家公司竞购 11 项资产。不是所有资产都同样诱人，事实上，有些资产连一家买主都找不到。但是，政府非常明智，他们制定了一系列规则，确保所有资产最终都能售出。

例如，所有想参与竞购的公司，必须竞购全部 11 项资产。如果其中几项资产的出价比其他资产低太多，这几项资产的价格就会被自动抬升到指定的最低价位。还有一些规则将最冷门与最热门的资产捆绑出售。这样一来，一家公司想要赢得竞购，就不能只是简简单单地对某一项资产给出最高价，而需要对一组捆绑资产给出最高组合价。

由于涉及金额巨大，而且不确定性强，几位公司高层都焦虑不安，同时也心痒难耐——这就更糟糕了。失去了理智之后，他们很轻易就被一名极富商业头脑的政府官员说服了：向政府支付一大笔钱，换取所有公司的全部投标信息，并获得一次修改自己出价的机会。

公司如数把钱打了过去，获知了全部投标信息。令人沮丧的是，政府制定的竞购规则实在太复杂，他们拿到投标信息后仍然无法判断每家公司分别能得到哪项资产。等他们不情不愿地寻求外界支援时，距离提交最终版竞标价只剩下 24 个小时了。审计师随后找到了一家计算机服务机构，此时他已经心力交瘁，但也想好了一个计划。

这家机构的管理人员向审计师再三保证，一定会谨慎行事，然后把他带到了比利·布莱特艾斯负责的程序员团队面前。比利仔细听取了审计师的计划：设计一个计算机程序来解决这个令人头疼的问题。这桩竞购共涉及 11 项资产以及 4 家竞标公司，审计师由此计算得出，共有 4^{11} 种，也就是大约 400 万种可能的中标组合。（这样的估算能力是问题解决者的核心能力之一，有机会我可以再写一本书来探讨这个问题。如果你现在不明白这个结果是怎么算出来的，就暂且相信它吧。或者你也可以找学数学的朋友求证一下。）

　　400 万种组合中的每一种给政府带来的总收益都不同，政府大概会选择符合所有规则且总收益最高的中标组合。审计师打算用计算机把这 400 万种可能的中标组合都算出来，按收益从高到低进行排序，然后由公司理事会从头到尾研究整个列表，找出收益最高且符合所有规则的中标组合。

　　到目前为止，只剩下 24 个小时了，而光是要靠计算机完成的那部分工作就得花费大概 12 个小时，根本没时间来讨论计划的可行性。一旦竞标结果公开，这一切就都前功尽弃了。比利觉得这一计划过于粗糙，违背了他作为一个问题解决者所信奉的优雅原则。他认为，要是能知道一点政府给出的竞购规则，就有可能减少九成的计算工作量；要是能在 1 个小时而不是 12 个小时之内完成计算工作，公司理事会也能有更多时间来研究一份更简短的列表。

　　对于要不要透露除必要信息之外的其他信息，审计师犹豫不决。不过，当比利提出，如果采用更快速的计算方法，还可以算出最合理的竞标价时，审计师被说服了。两人达成协议，一组程序员先按审计师的方案开始行动，比利则跟审计师去浏览一下竞购规则——这些规则本来是无论如何都不应从公司员工手中泄露出去的。

比利走后，其他程序员隐隐有些良心不安。尽管审计师自始至终从未承认过，但密封投标中的投标信息毫无疑问来自某种非法渠道。尽管他们也从未听到某人明确说过掌握投标信息是不合法的，但是如果参与了这种来路不明的交易，他们还能保持道德上的中立吗？

这些程序员很困惑，于是把这点疑虑告诉了机构经理。经理很快指出他们忽略了另一个道德问题：这家公司是计算机服务机构的第三大客户，想要拒绝提供服务几乎是不可能的。不过，要用最快、最可靠的程序在最短时间内生成包含400万个条目的列表，这个过程实在是充满吸引力，对于技术问题的痴迷最后还是占据了上风，程序员们或多或少把道德问题置于脑后了。

这下，像大多数专业的问题解决者一样，他们回避了道德问题。不过话说回来，他们从未接受过处理道德问题的专业训练，所以才会专注于解决技术问题，毕竟这才是他们的老本行，不是吗？

程序员们刚决定不再去纠结良心是否不安，才过了20分钟，比利就从公司高层那里回来了。大家急切地想要把想出的更高效的解决方案展示给比利——按照这样的步骤，工作成本可以降到大约900美元。但是比利挥了挥手，示意大家安静。比利说，他用几分钟浏览了一下竞购规则，然后只用了一点点逻辑思维和一点点常识，不到5分钟就彻底解决了问题。

当然，他又用了 20 分钟向公司高层证明他的确在 5 分钟内就找到了一个办法，可以解决他们花了好几天时间都没有解决的问题。不过花费这个时间是值得的，因为比利学到了有关定义问题的很重要的两点：

◇ 不要把别人的解决方法当作问题的定义；
◇ 如果你解决问题的速度太快，别人根本不会相信你真的解决了问题。

彩蛋

如果比利目睹了程序员们纠结于道德问题的过程，他会从中学到另外一点，而这一点在他自己身上也得到了体现：

在面对有利可图的问题时，道德问题往往就算不上问题了。

不要把别人的解决方法当作问题
的定义；
如果你解决问题的速度太快，别
人根本不会相信你真的解决了
问题。

第 5 章　比利保持沉默

投标项目刚刚启动就宣告结束，不用说，比利团队的程序员们非常失望。尽管比利当时没发现什么可疑之处，但故事并没有按照预想的那样进行下去。第二年，比利转投另一家计算中心，这里使用了性能更强大的计算机。入职那天，一位运筹学专家给他介绍了"程序包"的概念：一些预先写好的程序，可以解决不同场景中的共性问题。

"当然，"专家告诉他，"程序包最大的优势在于可以降低成本，但有时它还有别的优点。"

"你是说它可以实现特殊功能，对数据的检验也更严格吗？"比利问。

"当然也包括这两点，但我想说的是一种更有意思的情况。在这种情况下，速度是解决问题的关键因素。去年，有一位非常重要的客户委托我们处理一个与政府剩余资产竞购相关的问题。

他们似乎想办法弄到了其他公司尚未公开的投标信息——我们从没问过他们是怎么搞到这些信息的，你也应该理解。他们想知道当时的投标状况，如此一来就可以在必要时修改自己的竞标价，以获得想要的资产，同时规避掉劣质资产。"

一道光在比利脑中一闪而过。他尽量装出一无所知的样子，问道："一共有几家公司参与了竞标呢？"

"除了我们的客户以外还有三家。但是因为资产一共有 11 项，所以可能的组合情况非常多。"

"大概有 400 万种可能。"

"嘿，你反应真快。是的，大概有 400 万种可能。因为时间特别短，所以不可能把所有情况都一一列举出来。而且，那次竞标还设置了各种复杂的附加条件，这么复杂的程序几乎不可能在短时间内完成。"

"那你们是怎么做的呢？"比利非常好奇。

"这就是重点——我们使用了程序包。只用了短短两天，我们的线性编程专家就想办法把这个问题转换成了适用于程序包的形式。然后，在计算机上只运行了几个小时，就得到了客户需要的答案。好家伙，他们可开心极了——毕竟这关系到好几百万美元呢。"

"真有意思。整个工作花了多少钱？"

"这是程序包的另外一个优势。做线性编程的专家在这上面花了两天时间，成本是 400 美元，另外还有 1 000 美元计算机运行的成本。"

"也就是说，客户只花 1 400 美元就拿到了解决方案。"

"而且用了不到 3 天！这就是我所说的程序包的价值所在。你甚至可以说，这都是些现成的解决方案，就等着问题找上门来！"

"是的，"比利若有所思，"这么说一点也没错。"

当然，比利之前已经学到了有关问题定义的重要经验，不过，他现在又新学到了一点：

别把解决问题的方法误当作问题的定义，特别是当提出方法的人是你的时候。

别把解决问题的方法误当作问题的定义，特别是当提出方法的人是你的时候。

第 6 章　比利反思投标案

比利走出办公室的时候，那位运筹学专家以为他还沉浸在程序包的世界里，实际上，一些更加令人着迷的问题占据了他的大脑。

- ○ "另外两家公司是怎么做的？"
- ○ "他们找谁'解决'了问题？花了多少钱？"
- ○ "所有竞标价都改过了，最后揭晓结果的时候发生了什么？是不是所有人都很惊讶？"
- ○ "面对出卖'秘密'投标信息的人，这几家公司会说些什么或者做些什么？"

比利不禁想到这些。差不多一年之前，他就自认为已经掌握了其中全部的奥秘，然后把这个问题放在一边了。现在比利意识到，这个问题的实质和他当时所想的完全不是一回事。这不是怎样列举 400 万种可能性的问题，也不是数理逻辑和常识的问题，更不是线性编程的问题。

也许问题是这样的：

当其他公司都在修改竞标价，并且都认为自己是唯一拥有这种特权的公司时，你该如何修改自己的竞标价？但这种假设其实不成立，因为但凡有一家公司能想到这一点，其他三家公司也能想到。

所以，问题可能还要更深刻一点：

其他公司都在修改竞标价，而且他们心里很清楚——你知道他们可以各自修改竞标价，也会基于此修改你自己的竞标价，此时你该怎么调整自己的竞标价？不过这不就和最初的密封投标法没有区别了吗？

但是，等一下！如果某家公司知道它的竞标价会被其他公司看到（这个价格以后可能会发生变化），也许它第一次会报出一个价格误导他人。会不会有一家公司为了坑其他公司，故意让他们相信所谓"秘密"的投标信息？也许四家公司都这么干了？如果真是这样，那问题就变成了：

如何报出一个初次投标价，诱导其他公司顺着你希望的方向修改各自的竞标价，同时还要确保自己的意图不被他们发现。

比利的大脑就像浴缸排水口正在泛出漩涡的脏水一样快速运转着。就在"浴缸"快要没水的时候，比利头脑中又闪过一个念头：

如果整个问题是个圈套，各家公司的首次出价只是用来误导其他公司的，那最佳策略就应该是无视所有竞标价，将它当成一次纯粹的密封投标！

比利疲惫的大脑有些不堪重负，他就近找了一张椅子坐下，头晕眼花的他差点坐了个空。他心想，换句话说，关于解决问题，最应该吸取的教训是这样的：

即使问题已经解决，你也无法确定你的问题定义是否正确。

想明白了这一点，比利终于重新振作起来了。

不过，在回新家的路上（比利换了一套新的公寓），他又琢磨起这条"教训"来。他想："如果说我面对的问题是从这段经

即使问题已经解决，你也无法确定你的问题定义是否正确。

历中总结出一条教训，那么假设我得出的这条教训是正确的，意味着我根本没法确定自己之前是否从本质上解决了问题，也就意味着没法确定我得出的教训是不是正确的。"

比利一屁股坐在了挡土墙上，摆出罗丹的《思想者》的姿势。晚餐时间到了又过去了，日落的景象很壮观，但比利根本没注意到这些。路灯亮起来了，路上的车辆渐渐增多，又渐渐减少，又多起来，又少下去。

最后，一名环卫工人放下水桶和扫把，轻轻问比利："嗨，兄弟，你还好吗？"

比利本来应该被吓一大跳的，但他没有。相反，环卫工人的话正好解开了他的心结，他说道："呃……不，不太好，但是没关系，太谢谢你了。"

说完，比利站起身来，和一脸疑惑的环卫工人握了握手，慢慢地朝着家的方向走去。"思考可真不容易，"他想，"我敢打赌，如果顺着上次投标的结果追踪下去，一定会发现政府在计算过程中出了错。所以，四家公司机关算尽，却仍然无济于事。恰恰因为他们都作了弊，所以也就丧失了质疑政府计算结果的资格。但是，如果其中一家公司从一开始就站在道德的立场，他们就会问心无愧，最终也能有利可图。所以这一课值得永远铭记：

不要仓促下结论，但也不要忽视第一感觉。

不要仓促下结论，但也不要忽视第一感觉。

尽管比利此前在考虑问题的"真正"定义时犯过好几次傻，但是真正让比利解开心结的是另外一个更深刻的东西。比利已经和这样一个重要的问题纠缠了一阵：

问题是什么？

　　之前，比利和其他问题解决者之所以误入歧途，就是因为他们认为，如果一个问题很重要，那么问题的答案一定也很重要。"不对，"比利一边漫不经心地从信箱里取信件，一边自言自语，"根本不是这样的。面对问题时，真正重要的一点是，要知道问题是永远找不到答案的，但没有关系，只要你不停地问下去，就没有关系。只有当你自欺欺人地认为自己已经找到了问题最终的、正确的定义时，才会自以为是地确信自己找到了最终解决方案。如果这么想，你可就错了，因为'最终解决方案'这种东西压根不存在。"

　　想明白了这一点，比利的大脑才获得了片刻放松——大脑并没有停止转动，只是暂时休息而已。他好好睡了一觉，然后去市中心定制了一块铜牌放在自己的桌上，牌子上写着：

**　　你永远无法确定已经找到的问题定义是否正确，但是永远不要停下寻找正确定义的脚步。**

你永远无法确定已经找到的问题定义是否正确，但是永远不要停下寻找正确定义的脚步。

彩蛋

关于比利和这场竞标的故事是真实发生过的，但本文进行了一些改编，以免任何外人认出这桩二十年前的公案。然而，在这片乐土的某个角落，也许至少还有另外两位问题解决者能想起这个故事。之所以在过了这么多年后把这个故事公之于众，正是为了继续寻找一个更准确的问题定义。另外那几位问题解决者会给我们反馈吗？谁知道呢。

第
三
部
分

第 7 章　无尽的链条

第 8 章　忽视不协调之处

第 9 章　在特定层面上考虑问题

第 10 章　注意你所表达的含义

问题
到底
是
什么

" 如果你不能根据对问题的理解想出至
少三个有可能出错的地方，那你就没
有真正理解这个问题。 "

第 7 章　无尽的链条

一家大型计算机公司正在研发一种比以往任何一台打印机的速度都更快，印刷也更精准的新型打印机。用新技术提高打印速度是很容易的，但工程师团队在确保打印精准度上遇到了一点问题。打印出来的文字有时歪歪斜斜，有时虽然每一行文字是平直的，但不能和之前打印出来的内容对齐。每进行一项新的打印测试，工程师们都要花很长时间来测量输出稿的准确性，费力不讨好。

团队中最年轻也最聪明的工程师丹·达林提出，可以设计一种工具，用来在打印纸上标记出一个 8 英寸[①]的间距，然后把这个标记作为基准线来参考，从而又快又准确地找出打印得不整齐的地方。标记方式可以多种多样，做印记、打孔或者其他方式都行。

[①] 1 英寸约等于 2.54 厘米。

团队里的一些成员开始仔细考虑设计工具的事，然而大多数人却一筹莫展，因为他们都先入为主地认为，打印是在纸上做标记的唯一方法。鉴于他们都是经验丰富的打印机设计师，产生这种想法是很自然的。但是丹·达林在打印机设计方面资历尚浅，所以他想出了一个出人意料却很有效的创意。他的最终解决方案如图 7-1 所示，是一个上面嵌着钉子的铝条，可以精确地在指定位置扎出小孔。

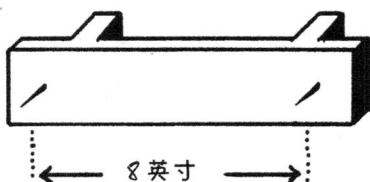

图 7-1　内嵌钉子的铝板，可用于打孔

事实证明，这样一件工具既制作起来简单，又很结实耐用，而且可以让精准度很高。这下，之前花在标记标准间距上的时间就可以省下来，用来做更有意义的事情了。丹的经理对此十分得意。接下来几周的测试充分证明了新工具可以带来省时省力的效果。经理决定提议公司为丹颁发一项特殊贡献奖。他还把一件这样的工具带到了办公室，这样就可以一边研究它一边写报告了。

不幸的是，他并没有像上图那样把这件工具侧放在桌上，而是像图 7-2 那样，让它靠两条"腿"立着。

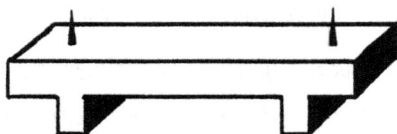

图 7-2　如果这样摆着，万一有人碰着了，皮肤就会被扎出小洞

　　如果丹的经理去过印度，见过苦行僧坐在钉床上的样子，那么他就不会这样摆放它了。如果丹的经理的主管曾经当过苦行僧，那么当他往桌角那儿一坐，打算友好地谈谈丹即将到手的大奖时，也能安然无恙。哎，可惜两个"如果"都没有成立。部门主管的屁股上被扎出了两个洞，间距正好 8 英寸，整个部门的人都听到他发出了一声惨叫。

　　幸运的是，他的屁股脂肪足够厚实。尽管如此，本来要发给丹的大奖就在主管被扎的那一瞬间化为了泡影。实际上，主管恨不得把新工具扔出窗外，或许还想把丹一并扔出去。好在丹的经理跑出来打圆场，他提议简单改进一下工具，把它的两条"腿"打磨成半圆形。这样，工具就没法再钉尖朝上立着了，也就不会再发生危险了。它将只能侧放，如图 7-3 所示。

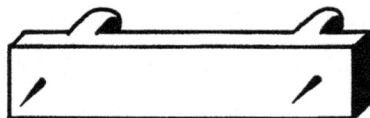

图 7-3　把"腿"磨成半圆形后，就不可能再靠两条"腿"立着了

因为任何一个问题都是理想状态和现实状态之间的差距，所以当我们通过改变状态"解决"一个问题的时候，常常会制造出一个或几个新问题出来。简单地说，每个解决方案都是下一个问题的来源。

我们永远都无法消灭问题。发现问题，提出解决方案，然后再发现新问题——这个循环就像一个无尽的链条。我们能指望的最好结果，就是新问题比我们"已经解决"的问题要好对付一些。

有时，我们减少麻烦的办法是把问题抛给别人，这种办法叫作"转移问题"，如果用得小心谨慎，这招还是很管用的。然而在更多情况下，新问题是无意之中产生的。

无意之中产生的问题非常之多，我们常常会发现：

某些问题最难处理的部分恰恰是意识到该问题的存在。

一旦发现那件工具的危险性，我们的脑海中就会冒出各种各样的解决方案。事实上，工程师们每天都在使用丹制造的工具，已经意识到钉尖朝上立着会很危险，所以养成了把工具侧着放的习惯。但是他们没有考虑到，其他人也可能接触到这件工具。

其他人和工程师们不一样，他们不清楚这个工具的危险之处，所以很有可能不小心坐上去或者扎到手。工程师们意识到了自己可能会碰到这个安全问题，但没能意识到别人也会碰到这样的问题——这就是一种问题转移。

每个解决方案都是下一个问题的来源。

某些问题最难处理的部分恰恰是
意识到该问题的存在。

我们甚至不能确定，圆腿设计会不会带来新的问题。也许你愿意想想新问题是什么。

或许我们应该这样说："圆腿设计会带来哪些问题？"人类生下双胞胎、三胞胎的概率可能很低，但在问题的世界里，一次性产生的问题少于三个才罕见。事实上，对于那些准备致力于解决问题的人来说，最重要的一条规则就是：

如果你不能根据对问题的理解想出至少三个有可能出错的地方，那你就没有真正理解这个问题。

在任何一个问题定义中，都有几百个点有可能被忽略。如果连三个疑点都找不出来，只能说你不会思考，或者根本不愿意思考。

针对工具的危险性，经理给出了他的解决方案。那么，你能从他的解决方案中找出三个可能有问题的地方吗？

如果你不能根据对问题的理解想出至少三个有可能出错的地方，那你就没有真正理解这个问题。

第 8 章　忽视不协调之处

　　每当一件工具出了问题，我们总是倾向于去指责使用不当的人（比如被扎伤屁股的主管），而不是工具的设计者。丹设计出来的工具比较特殊，只有一小部分特定人群会使用。在通常情况下，等到设计缺陷造成严重后果时，设计者早就不知去向了。如果这个打孔器不是供内部使用，而是广泛销售的话，人们反而会指责那些不小心弄伤自己的人，因为"他应该先看清楚自己坐的地方安不安全"；或者顶多会责怪把工具钉尖朝上放的人，因为他们"不为别人的安全着想"。如果这种工具流入市场公开销售，我们会认为肯定已经有成千上万的人用过它，而且别人都没被扎伤。要是有人受过伤，他们肯定早就去投诉了，不是吗？

　　之所以会出现上面这样的问题转移，设计者难辞其咎。他们的工作本就是事先为别人解决问题。但是，他们和房东一样，很少能体会到自己的行为所带来的后果。因此，设计者会不断制造出不协调的解决方案。这种"不协调"在于解决方案和使用该解决方案的人员之间不匹配，有些时候甚至会产生危险。

很久以前，人们并不刮胡子。后来，不知怎么地，人们觉得留胡子会影响幸福感，于是开始自己刮胡子或者请人帮忙刮。在装有一次性刀片的"安全剃刀"出现之前，常常有人在磨剃刀的时候划伤自己。安全剃刀发明之后，一次性刀片不用打磨，男人倒不会在磨刀时受伤了，可他们的妻子或女佣经常在扔掉刀片的时候遭殃。而且，小孩有时会翻出未经包裹的一次性刀片，他们也常常被划伤。

后来，人们造出了带有凹槽的药箱，用于回收废弃刀片。有了这种药箱，至少妇女和孩子相对安全了（直到女性因为某些原因开始刮腿毛和腋毛）。但是有几十年的时间，男人从剃刀上取下刀片扔进凹槽的时候经常弄伤手指。曾有数百万的男性和女性一边眼睁睁看着自己的鲜血滴进水槽或者滴在干净的毛巾上，一边想："真是太糟糕了，我只能用这种办法来处理刀片。如果有其他更好的办法，别人肯定早就发明出来了。只能怪我自己笨手笨脚。"

后来某一天，真的有人发明了一种办法——天知道他是怎么做到的。这项新发明就是使用一种包装袋来单独盛放刀片，人们可以把旧刀片取下来放到刀片包装袋里，再换上新的刀片。这个每当一件工具出了问题，我们总是倾向于去指责使用不当的人，而不是工具的设计者。

发明并不复杂，很快出现了不少模仿者。这次，问题的关键就在于首先要意识到问题的存在，或者让设计者意识到问题的存在。或许设计者从来都只让理发师帮忙刮胡子，又或许设计者根本不剃胡子，而是留着大胡子呢，再或许，一次性刀片发明出来之后就再也找不到剃刀的设计者了。问题一解决，谁还需要设计者呢？

大多数不协调之处一经发现很容易解决。有些问题得靠"权威部门"出面解决，但在大部分情况下，解决办法是不得不面对这些问题的人找到的。人类的适应能力非常之强，几乎可以容忍任何形式的不协调，除非他们意识到现状并不是完全不能改变。这时候，麻烦就来了。

为了应对最近的能源"危机"，全美范围内车速上限被降至每小时 55 英里[①]，每个人都认为一旦危机退去，车速上限就会很快回到每小时 65 英里或更高水平。然而，车速下降后，事故发生率和死亡率都戏剧性地大幅降低了，这对高速行驶的拥趸者来说可不是个好消息。在这次大型"实验"之前，没有人能明明白白地说清楚为什么每年有 50 000 人死在高速公路上。汽车制造商归罪于司机；除了做酒水生意的人以外，所有人都在指责醉驾司机。但是，从没有人去责问立法者为什么要把最高车速设定到如此之高。

---

① 1 英里约等于 1.6 千米。

　　　　　　　　第三部分　问题到底是什么

大多数不协调之处一经发现很容易解决。

并非所有事故都是由车速上限过高引起的，但事实显示，由这一原因引发的事故占到了相当大的比例。在此后的几个月里，公众对车速上限与车辆、司机、道路之间的不协调之处有了不同的认识。这是多么巨大的改变啊！这下，车速上限得要好多年才能慢慢调回到原来的水平——如果上调太快，一定会被人注意到的。

　　突然下调车速上限使得高速公路行驶速度与生命安全之间的矛盾清晰地暴露了出来。在下调车速上限之前的很多年里，车速上限一直在缓慢提高，与之一起增长的还有事故发生率。但是没有人意识到这两者之间是有关联的。同理，与最初错误地定义了问题的人相比，一个拿到了新的解决方案的人更容易看到哪里不协调。可是一旦最初的陌生感褪去，人类所共有的适应能力就会忽略不协调之处。我们又一次看到这条规则有多么重要：

　　不要仓促下结论，但也不要忽略第一感觉。

与最初错误地定义了问题的人相比，一个拿到了新的解决方案的人更容易看到哪里不协调。

那么，当第一感觉已经淡去很久时，我们该怎么做呢？难道我们每次都得向局外人（咨询顾问或者其他人）求助，来唤醒新鲜感吗？当然，找顾问（比如唐和杰瑞[①]）也无可厚非，但你可以学点别的技巧，不再那么依赖他们提供的服务。

一方面，几乎任何人都可以充当我们的"顾问"，为我们提供全新的视角。不要找顾问"专家"，他们有可能比你更不敏感。可以试着上街问问路人，听听他们对于某个设计或某个问题定义的观点。另一方面，为了向陌生人解释清楚，你自己也不得不换一个新的角度来看问题，这样也有助于发现新的不协调之处。

去外国旅游的时候，我们难免会碰上一些奇奇怪怪的"新"玩意。货币制度不合理，路标出现在错误的地方，厕纸不对劲。不过，更有启发意义的体验，莫过于陪着老外在你的祖国到处走走。透过他的眼睛，你可以重新发现自己习以为常的文化有何奇怪之处。

为什么说是"重新发现"奇怪之处呢？因为孩提时代你曾经发现过，但后来，大人们把这样的观点反复灌输到你的小脑瓜里："眼前的世界不仅仅是唯一存在的世界，还是最理想的世界。"

当你第一次把美元纸币拿给一位瑞士游客看时，肯定会听到这样的质疑："所有纸币大小都一样吗？那盲人怎么区分它们的

---

① 指本书的两位作者。——译者注

币值呢？"[①] 你只能尴尬地保持沉默，除非你是盲人，否则你永远不会从这个角度去思考纸币的问题。这么说可能有点绝对，应该说你几乎不会这样去思考，至少长大以后是这样——童年时你连1美元的纸币都很少见到，所以这在当时不算个问题。

接下来，瑞士游客可能会提出这样的质疑："这些纸币的颜色还都一样！人们在找零钱的时候难道不会总是出错吗？"你又一次陷入了尴尬的沉默，默默地想出错多少次才算"总是出错"。你的确有过因为5元纸币被错当作10元纸币而被少找钱或者多找钱的经历。然而到了现在，你已经认为找错钱就像"自然法则"一样理所当然。当你重新意识到这个问题之后，你开始留意美国人都在用哪些办法去避免犯错。在接下来的几天里，每个你接触到的收银员都变成了你的观察对象。不过，久而久之，你又变得不再敏感，回到了原来的老样子。你要是想真正锻炼一下这种意识，就试试看连续几天用面值2美元的钞票或者硬币这两种法定货币付钱。

对于如何才能对不协调之处更加敏感，以上体验给我们带来了这样的启示：

把你对问题的定义讲给外国人、盲人、儿童，来测试他们的反应，或者设身处地地站到外国人、盲人、儿童的立场上，来看

---

① 美元纸币的大小是一样的。——编者注

待你自己对问题的定义。

选一件你日常使用的物件，比如鞋、衬衫、叉子、汽车车门、牙刷，或者其他日常使用的上千个物件中的任意一件。接下来，做这样一些练习：

假装自己是一个从没见过这个物件的老外，以一个老外的视角来审视它，也可以闭上眼睛（也可以捂上耳朵，或者屏住呼吸，视具体情况而定），试着用用它，或者想象自己的身高只有现在的四分之一，而且你是第一次接触到它，再或者，假装你不识字，或者手不够灵活，想想看会发生什么。

你可以拿一本书试试。不用考虑内容，只需关注它的构造即可。然后不停地从各种各样的角度去审视这本书，直到你找出至少 10 项阅读过程中感到的不便之处。这些不便之处其实就是你已经习以为常的事情。例如，唐在短短几分钟里想到了以下这些：

○ 放下书的时候很难让页面停留在你读过的那一页；
○ 即便知道只用得上书里的一小部分，但还是不得不带上整本书，因为没法只带上书的某一部分；
○ 书的封面太厚，阅读时拿在手里太重，但太薄又不适合长期使用；

○ 如果不用手压着，书就会自己合上；

○ 书页很容易被撕破；

○ 有些书页粘连在一起；

○ 纸张太光滑，反光刺眼；

○ 每一行文字太长，换行时眼睛有时会回到同一行或
跳行；

○ 页边距太窄，不够做笔记；

○ 缺少一个类似于提手的东西，不方便携带。

单单是从书本结构设计这种历史悠久、成熟的解决方案中
都可以找到这么多不协调之处，又怎么能指望我们未经检验的
观点完美无缺呢？这种可能性实在不太大。我们完全可以自信
地说：

每转换一次视角，都会发现新的不协调之处。

在把一项"解决方案"付诸实践之前从各个视角对其审视
一遍，难道不是比引发恶劣后果之后才意识到问题的存在好得
多吗？

每转换一次视角，都会发现新的不协调之处。

第 9 章　在特定层面上考虑问题

问题 1：图 9-1 所示的是一个非常常见的东西，它是什么？

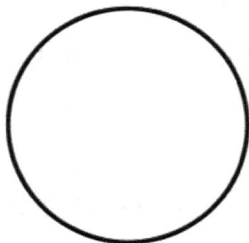

图 9-1　生活中一个非常常见的东西

一个圆？

大多数人会毫不犹豫地这样回答。为什么他们解决这个小问题的速度这么快——如果他们的确解决了问题的话——而另外一些问题却要人花上一辈子的时间才能解决，甚至根本解决不了呢？尽管刚刚开始着手解决问题的时候困难重重——比如前文所述的那些令人头疼的麻烦，但人们的确解决了这个问题，他们也解决了成千上万别的问题。你刚才可能差点要开始相信所有问题都是无法解决的了！

如果我们解决问题的速度像大多数人解决"问题1"时一样快，那可能就意识不到我们是怎么做到的。揭示问题解决过程的一个好方法是问一问：

要想得到不同的解决方案，该怎样变换问题的表述方式？

在问题1的例子中，问题的表述方式给我们帮了大忙。为什么呢？很可能是因为"常见"这个词本身就带有很大提示性了。现在把问题的表述方式改一改，检验一下上面的假说：

问题2：图9-1中所示的是一个东西，它是什么？

或者保留"常见的"，删去表示强调的"非常"，得到这样一个问题表述：

问题3：图9-1中所示的是一个常见的东西，它是什么？

还可以把关键词换成它的反义词，让测试更有说服力，就像这样：

问题4：图9-1中所示的是一个非常不常见的东西，它是什么？

像这样"微妙"地改变问题的表述方式，观察其造成的效果，可以作为一种有趣的游戏应用到聚会当中，也可以作为一种科学实验应用到研究当中，旨在让不同的人或群体拿到同一个答案的不同问题表述。如果是在聚会上做这个游戏，可以把所有人对问题的回答公布出来，然后让大家根据答案猜猜问题是什么；如果是用于科学实验，则可以通过分析答案来深入了解人们的思考过程，看看他们如何确定：

我需要解决的问题是什么？

在我们的真实测试中，绝大多数人对问题 1 的回答是"圆"。当"非常"这个词被删去后，回答"圆"的人数比例下降；删去"非常常见的"这个词之后，比例进一步下降；在"常见"这个词前加上"不"之后，原始问题的意思发生了变化，回答"圆"的人数比例降到了零，取而代之的答案包括"洞""呼啦圈""从橡皮头一端俯视的铅笔""椭圆形球体的横截面""镥质硬币""通灵板①上的圆形透镜""赫伯怀特式靠背椅上的饰品""一只标新立异的蜜蜂所建蜂窝的一部分"和"微型直升机的停机坪"。

尽管很多人会在前三个问题下写些答案，但有相当多的人拒绝回答问题 4。在被问到为什么不作答时，大部分参与者说，他们觉得"解决"这个问题的机会太渺茫，不值得冒险一试。我们可以再改一改问题，来检验上述分析：

问题 5：图 9-1 中所示的是一个非常不常见的东西，想想它可能是什么，并给出一个最不合常规的答案。

把问题改成这种表述后，基本上大家都会给出自己的答案了。

---

① 通灵板是迷信活动中的一种用具，外形为一种平面木板，上面标有 26 个字母、数字 0 ~ 9 及其他一些符号图案。

因为这个问题看起来问的是他们的"观点",而非"正确"答案，这样就没什么风险了。每个人（或者说几乎每个人）都给出了自己的观点，而且对于自己给出的观点，每个人都称得上是专家。

我们一旦确定了问题，通常会对这个问题做一个"演绎"，以便搞清楚问题的言外之意。如果在期末考试中出现这样一个问题：为什么亨利八世杀了自己的妻子？阐述你的观点并评价他杀妻的手段。

那么，在看到"阐述你的观点"时，学生们会判断，出题人的真正意图并不在于要求阐述"观点"，而在于给出一个"正确"答案。而亨利八世沟回密布的大脑中的"真正"原因，只有教授才能彻底弄清楚。

只要有机可乘，我们总是会一开始就把问题理解成最令人感到舒服的那种含义。如果教授是一位心软的自由主义者，而且学生在他讲亨利八世的整节课都在打瞌睡，那么我们可能会认为这个问题问的就是字面含义，就是学生自己的观点，这种理解方式是最让我们感到舒服的。考完试之后，我们还可以去辩解说："这是教授的错，他应该在措辞上更加谨慎。"不过，如果教授比较固执，循规蹈矩，我们就没法再投机取巧，玩文字游戏了。对于这个问题，"最令人感到舒服"的理解就应该是这样的：为什么亨利八世杀了自己的妻子？他杀妻的手段如何？关于这两个问题，教授上课时是怎么说的？

只要有机可乘，我们总是会一开始就把问题理解成最令人感到舒服的那种含义。

我们之所以倾向于用最令我们感到舒服的方式理解问题，可能是因为人们知道如何在某个特定层面上解决问题。我们可能知道问题的来源、问题出现的背景，或者对于问题的实质有更微妙的感觉——这种感觉只可意会不可言传。

在问题 1 中，"常见的"这个词帮我们中的大多数人排除了"椭圆形球体"这一答案，图片的画质又排除了呼啦圈一类的东西。这样，问题就来到了"简单的几何形状"这一层面上。在问题 4 中，人们觉得这个问题已经超出了"简单的几何形状"层面，于是，一部分人转向在复杂度极高的层面寻找答案，而另外一部分人根本无法确定该从哪个层面去理解这个问题。

如果这个问题出现在《迪克与简的难题宝典》（*Dick and Jane's Golden Book of Puzzles*）中，人们可能会从"玩具"这层含义上理解问题，进而给出诸如呼啦圈、没有辐条的自行车轮胎或者万能工匠 ① 积木轮子上的洞之类的答案。但由于这个问题出现在这本内容复杂，而且充斥着关于问题定义经验之谈的书里，粗心大意的读者一不小心就会掉进这本书设置的陷阱里，所以搞清楚这个问题所处的语境，进而确定其语义就变得异常复杂。几乎没有读者会从简单的几何学角度来考虑，不然也太明显了。但是这样一来，对粗心的读者而言，上述问题不就是一个陷阱了吗？

---

① 万能工匠（Tinkertoy）是益智积木玩具的一个品牌。——译者注

彩蛋

哦，顺便说一句，如果你现在已经确信，这幅图所代表的是一个圆形物体，具体是什么有无数种可能，那就试着把它和一些"真正"的圆形物体比较一下。你的结论有变化吗？这下，你是不是更欣赏下面这条重要原则了：

当你拖着沉重的步伐沿着定义问题的道路前行时，要时不时回头看看，确认自己有没有迷路。

当你拖着沉重的步伐沿着定义问题的道路前行时，要时不时回头看看，确认自己有没有迷路。

第 10 章　注意你所表达的含义

橱窗上有这样一句标语：

"没有任何事对我们的顾客来说好得过了头。"

但是，它想表达什么含义呢？是想说"对我们的顾客怎么好都不为过"，还是想说 "对顾客来说，不节外生枝就已经是天大的好事了"？

这是个愚蠢的文字游戏吗？难道不是每个人都清楚标语的含义吗？不一定。如果你还记得我们在前文中关于问题措辞的讨论，可能就不会觉得每个人都清楚标语的含义了。我们一次又一次地看到善意的问题解决者在"没有什么""可能""全部""或者"这样的词语上栽跟头，尽管他们拟出来的问题表述看上去无比清晰。

当然，上学的时候，老师曾告诫我们在问题中使用容易产生歧义的词句"有失偏颇"——这其实是学校教育的另一种失败，它并没有帮我们做好准备去迎接布满常春藤的校墙之外那个不公平的世界。任何一位计算机程序员都能举出十几个例子，说明一个产生歧义的词、一个放错地方的逗号、一个表意不清晰的句子怎样造成了 1 万美元、10 万美元、100 万美元乃至更惨重的损失。

举个例子，一段程序的注释里写道：

"异常信息也存储在 XYZ 文件夹中。"

程序员的理解是：

"另外一个存储异常信息的地方是 XYZ 文件夹。"

因此，他认为其他地方已经保存了异常信息的副本，所以他的程序就无须保存异常信息了。

事实上，这条说明的作者想表达的意思是：

"XYZ 文件夹中保存的另一类信息是异常信息。"

这句话并没有表达出异常信息在其他地方存有备份的含义，事实上也的确没存备份。结果，一条极有价值的信息就这么丢失了，再也找不回来。在人们发现这句话还有另一层含义之前，信息丢失所造成的损失已经高达50万美元。这样惨重的损失，起因仅仅是无意中写下的一个"也"字。

50万美元就这样打了水漂，必须有人"掉脑袋"，但是账应该算到谁头上呢？是写这句话的作者还是程序员？绝大多数英语老师会认为写这句话的作者"该死"，教人解决问题的人则会瞄准程序员的脖子。难道就没有人喜欢用不那么血腥的办法解决问题吗？

我们可以苦口婆心地告诫那些写注释的人，一定要把问题表述得清晰易懂，直到他们听得不胜其烦；也可以劝诫问题解决者一定要把问题看清楚，不过他们的眼睛可能都要看瞎了。即使过去的经历有用，也帮不上太多的忙。不管人们有多诚心诚意，只是加倍努力是不够的。你永远没法确定在场的每个人对同样的词句会有同样的理解。

我们需要一种社交活动来把这些白纸黑字植入到他们的头脑里，方法之一是文字游戏：

当你白纸黑字写下一个问题描述后，还应通过文字游戏的方式能够确保每个人对问题的理解达成一致。

当你白纸黑字写下一个问题描述后，通过文字游戏的方式能够确保每个人对问题的理解达成一致。

几乎任何一种游戏方法都对解决这个问题有启发作用，比如也许可以揭示出人们对问题的理解有何差异。以下面这句简单的事实陈述为例：

玛丽从前有一只小羊羔。

这句话已经够明白了吧？等我们试着做做文字游戏之后，你可能就不这么觉得了。例如，试着把强调的重点依次放在每个词上。

玛丽从前有一只小羊羔。（而不是约翰有）
玛丽**从前**有一只小羊羔。（但现在没有了）
玛丽从前有**一只**小羊羔。（别人有好几只）
玛丽从前有一只**小**羊羔。（和你想的不一样，不是一只大羊羔）
玛丽从前有一只小**羊羔**。（那只狗是亨利的）

你还可以同时强调某2个或某3个、4个、5个词语，每种组合都会赋予这个"简单的"事实陈述不同的意义。

你还可以试一试词典游戏。针对句子中的每个词，列出词典中的全部词义，然后试着把每个词的不同词义应用到原句中。

在词典游戏中，改变句子含义的大多数是不起眼的词。以had 为例，《美国传统英语词典》把 had 解释为 "have 的过去式和过去分词"。先不管语法上的模棱两可，我们直接翻到 have 那一页，可以看到 have 一词至少有 31 种词义。冷饮店的冰激凌口味都没有这么多吧？

第一项词义符合我们此前对语句的理解：

作为某人的财产占有；拥有。

不过看到第二个词义，我们就有点犹豫了：

与……有关或有某种关系，如：have three children（生了 3个孩子）。

这个含义就要闹笑话了：

Mary had a little lamb。（玛丽生了一只小羊羔。）

这种事件应该被载入医学史册吧？

我们一边浏览整个词义列表，一边就能造出很多新的笑话，或者产生新的解读方法。试试以下这些选出的词义。

- 心怀、怀有，如：have doubts（心怀疑问）。
- 行贿或买通。
- 吸引……的注意；迷住。
- 取胜；击败。
- 欺诈，欺骗，戏弄。
- 发生性行为。
- 接受或选择，如：I'll have the gray jacket.（我选择这件灰色的夹克衫。）
- 享用，吃掉或喝掉。

自己试试剩下的词义，另外试试 little（小）和 lamb（羊羔），也不要忘了 a（一只）和 Mary（玛丽）。当你下一次需要表述问题的时候，不要忘了这种方法。

玩文字游戏花费的精力和成本可比拿到毫无价值的解决方案后推倒重来要低多了。如果把文字游戏比作射箭，我们需要整整一袋箭才有可能射中正确的问题定义。

如果把文字游戏比作射箭，我们需要整整一袋箭才有可能射中正确的问题定义。

以下是另外一些文字游戏，每个游戏都曾经帮人们挽回过100万美元甚至更多的损失——文字游戏金榜如下。

○ 调整重音的位置（如上）。

○ 把肯定的换成否定的，反之亦然。

○ 把"可能"换成"必须"，把"必须"换成"可能"。

○ 把"或者"换成"不是……就是……"，反之亦然。

○ 把"和"换成"或"，反之亦然。

○ 选择一个明确定义的术语，把每一处术语都替换成这一定义。

○ 对于每个表示"等等"的词，在已有的列举中再加上一个明确的例子。（用这个例子试一试。）

○ 找出旨在说服人的词语或词组，如"明显""因此""很清楚"或者"当然"。把这类词语或词组替换成相应的论据。

○ 试着画出某句话或者某个段落所说的内容。

○ 用公式来表达文字。

○ 用文字来表达公式。

○ 试着用语言表达某幅图想说的意思。

○ 把"你"换成"我们"。

○ 把"我们"换成"你"。

○ 把"我们"和"你"换成"双方"。

○ 把泛指换成特指，特指换成泛指。

○ 把"一些"换成"每一个"。

○ 把"每一个"换成"一些"。

○ 把"总是"换成"有时"。

○ 把"有时"换成"从不"。

可以使用类似的材料来做这些游戏。比如试试这句不朽的歌词：

那里天空终日晴朗。

然后把注意力放到你现有的问题定义的表述上。你很快会发现文字游戏可以成为多么重要的利器，所以，把至少20个游戏填充到你的武器库里吧。

如果这个数字听起来很荒谬，那就先从词典游戏开始吧。事实上，你应该把词典游戏也添加到上面那个游戏列表中去。用不了多久，你就会走上成为问题定义专家的道路。

第四
部
分

第 11 章　烟雾缭绕

第 12 章　校园停车难问题

第 13 章　隧道尽头的灯光

这个问题

该由

谁

解决

" 如果一个人身负解决问题的责任，自
身却并不受问题困扰，那就采取一些
行动让他亲身体会到问题的严重性。 "

第 11 章 烟雾缭绕

有一个由 11 个学生组成的班级，每周三下午学生们都会与他们杰出的老师聚在一起，花上三个小时讨论问题的解决方法。这 12 个人中有 11 个人不抽烟，剩下的那个人则十分迷恋雪茄，这让大家非常惊讶。

教室很小，通风不畅。这种廉价雪茄的烟雾扩散得非常快。第一次上课时，刚过一个小时，烟味就已经笼罩了整个空间，只有最矮的学生幸免于难。几个高个子的脸都已经变绿了。而那个吸烟的家伙还在一脸幸福地吞云吐雾，丝毫没有意识到任何问题。老师是个问题解决者，在他看来，显然出现了问题，或者说很快就会出问题了。

在读下去之前，想想上面描述的这个场景，然后给下面的问题选择一个答案：

这个问题应该由谁来解决？

a. 不抽烟的学生；

b. 抽烟的学生；

c. 老师；

d. 教务主任；

e. 这所学校的校长；

f. 以上没有正确答案；

g. 以上全部选项（包括选项 f）。

事实上，老师（选项 c）并未发现有什么问题，因为他的父亲是个老烟枪，他是泡在雪茄烟雾中长大的。这位老师已经完全适应了空气中弥漫的烟味，甚至觉得抽烟这种恶劣的习惯很正常。至于教务主任和校长，则一如既往地选择了置身事外，根本不管解决问题的事。因此，通过排除，选项只剩下 a 和 b，也就是不抽烟的学生和抽烟的学生。

第二次上课时，老师迟到了 10 分钟，学生们只好等着，没办法，谁让他是老师呢。一个不抽烟的学生抓住了这次机会，发起了一次班级会议，主题是解决教室内空气污染的问题。老师赶到教室时，会议正进行得热火朝天，就连那个抽烟的学生都兴致勃勃地参与其中。也许是因为这门课本来就是关于怎样创造性地解决问题的，所以老师非常开明地允许了会议继续进行。再说，他一个人势单力薄，也应该少数服从多数。

黑板上逐渐列出了以下几种可能性。

○ 在下午上课前，每位班级成员都要打电话给还在上班的抽烟者，提醒他不能携带雪茄。

○ 由某一位有早起习惯的班级成员在凌晨4:30打电话给抽烟的同学，责问他上次上课的时候为什么要抽烟。

○ 把抽烟者车胎的气放掉，抽一支雪茄就放一个车胎的气。正所谓以牙还牙，以"气"还"气"。

全班讨论了整整一个小时，笑场无数次，终于让抽烟的同学明白了他们的意思。这种方式既没有得罪他，也没有让他产生对抗情绪。

接下来，会议组织人问抽烟的同学，觉得哪条建议可以接受，或者哪条建议稍作修改之后是可以接受的。很快（几乎是会议组织者话音刚落），抽烟的同学就表态，愿意上课期间不再抽烟，而是培养一些其他不那么讨人厌的（甚至是讨人喜欢的）习惯。为了贴合这门课的主题"创造性"，他提议，每个同学每周可以带一些口感比雪茄更好，至少是更有趣的零食，全班一起分享。

大家愉快地接受了这个建议。在教室里抽雪茄的情况就此告一段落。取而代之的是各种各样奇奇怪怪的高热量零食，比如甘菊饼干、胡萝卜蛋糕、烤鸡翅比萨、绿番茄派、带苜蓿芽的夹心双层巧克力软糖。所有同学相安无事地度过了整个学期，每个人都吃得胖嘟嘟的。

想象一下，如果当初老师认为这个问题应该由他自己来解决，也就是选择了选项 c，结果会怎样？这种设想会给我们很大的启发。他也许会采取以下措施。

○ 规定上课时禁止吸烟，要求抽烟者退课，或者逼得他敢怒不敢言。
○ 规定上课时允许吸烟，迫使一些不抽烟的同学要么退课，要么因为受不了烟味而食欲不振。
○ 规定哪几天（或哪几个小时）可以抽烟，哪几天（或哪几个小时）不可以抽烟，弄得大家都为此不开心。

事实上，老师什么也没做，他明智地遵循了自己关于解决问题的一条原则：

当别人可以妥善解决自己的问题时，不要越俎代庖。

当别人可以妥善解决自己的问题时，不要越俎代庖。

这样做不仅能使得问题相关方对问题产生更加深刻的理解和感受，而且因为解决方案是由他们自己提出的，所以他们会更加积极地参与到执行当中。此外，他们还投入了时间成本——一个学期总共就只有 45 小时上课时间，讨论这个问题就花费了宝贵的 90 分钟，这也给予了他们另一个理由去努力提出方案，顺利解决问题。

另外，如果老师端着权威的架子，提出同样的建议，很可能不被学生接受。即使学生能接受，也不会充满热情地付诸实行。我们有个朋友，他是一位非常杰出的教授，但生活中却总是粗心大意，常常在高档餐厅吃完饭之后才发现没有带钱。这时候，他就会对餐厅老板笑笑，说："我们有麻烦了。"你能想象如果他说"你碰到麻烦了"，或者"我碰到麻烦"了，会有什么后果吗？

如果这是别人的问题，就让他们自己去解决吧。

如果这是别人的问题，就让他们自己去解决吧。

第 12 章 校园停车难问题

　　某大型州立大学刚刚建成了一所新的校区，新校区碰到了一个自从汽车问世以来就始终存在的麻烦：停车难。校区新落成的时候，停车位还有所富余——一点也不夸张，好像校园里到处都是停车位。或许就是为了解决停车位过剩的问题，设计精美的大楼接二连三地拔地而起。与此同时，学生人数增加了两倍，教师人数翻了一番，行政人员人数达到了之前的五倍。转眼之间，停车成了"问题"。

　　为了还权于民（鉴于我们都是人民中的一员，我们都知道此前权力归谁所有），师生理事会取消了所有预留停车位，除了供给残疾车主和校长的专用车位。尽管现在校园里有足够的停车位供入校车辆使用，但大多数车位距离办公楼和教学楼有 500 米至 1 000 米远。

　　另一条可能与问题相关的信息是天气状况，学校所在地气候恶劣。事实上，有人说校园里只有3个季节——雪季、泥季和尘季。这样的说法再贴切不过了。

在继续展开下面的内容之前，请先试着回答一下：

这个问题应该由谁来解决？

a. 学生；

b. 教师；

c. 大学校长；

d. 州立法机关；

e. 州长；

f. 以上没有正确答案；

g. 以上全部选项。

仔细思考后，我们可以排除 d 和 e，这两个选项一定不是正确答案。c 有可能是对的，但校长有自己的专用车位，很难指望他对这事特别上心。没错，校长有决策权，每当所谓的师生理事会想要实施一些重要举措时，他都可以推翻理事会的决定。但是，校长从未切身体验过停车难的问题，我们又怎么能指望他重视这件事呢？

我们已经看到，社会上的很多问题源自系统的设计者和决策者。他们对这些问题负有责任，却从未对问题有过切身体会。哥谭市警察局长有自己的私人司机，司机会开着豪车载他走遍全城，他又怎会经历交通拥堵和行凶抢劫呢？猛犸汽车公司的汽车设计师们换车的速度快到惊人，距离下一次换新车也就几包烟的工夫，保养车辆的开销和麻烦对他们来说又算什么呢？

在雷龙大厦工作的员工们试图唤起房东注意的时候偶然用上了一种方法。这种方法的核心原则就是：

如果一个人身负解决问题的责任，自身却并不受问题困扰，那就采取一些行动让他亲身体会到问题的严重性。

学生们把这条原则用到了校长身上，他们开始把车停在校长的专用车位上。这些车辆自然被贴了条，车主们被开了罚单，但是学生们平摊了罚款，所以每个人支付的罚款微不足道。

不幸的是，校长没有以恰当的方式回应这次集体行动。他正式宣布，任何占用其车位的学生将立即被学校开除。这样的独裁之举实际上把集体矛盾转嫁到了个体身上，校长的难题就此迎刃而解。"各个击破"正是"集体问题"的克星，对于那些试图阻碍问题解决的人而言，各个击破是一种最有用的策略，也是故事中的大学校长以及其他专制统治者们最青睐的伎俩。

几周后，学生们想出了对付校长的新办法。

大学生们喜欢迎接挑战，他们花了几个星期的时间来筹划对付校长的新办法。一天，有人发现校长那辆车的四个轮胎都瘪了，如果一个人身负解决问题的责任，自身却并不受问题困扰，那就采取一些行动让他亲身体会到问题的严重性。

校警被派去给轮胎充了气。可第二天，轮胎不仅又瘪了，而且都被严重划伤，没法再修了。于是，学校安排了警卫，24 小时不间断地守在校长的车旁。但这项工作占用了学校唯一一名全职工作的停车场巡逻员，也就意味着没有人贴罚单了。人们开始到处停车，停到草坪上、车道上，甚至残疾人车位上。

这次，一些教师决定尝试一种新的解决问题的办法：想人所不能想。他们挺身而出，把解决问题的责任揽了下来："这是我的问题。"

"个体问题"与"集体问题"并非对立关系。这种方法提醒我们，当我们草草地想把责任归咎于某一方时，或许会忽略某些可能性。比如，人们不断因为"污染问题"而指责"政府""大型企业"或者"对环保漠不关心的人"，如此一来，我们能做的几乎就只有给国会议员和报社写信了。但如果我们能暂时收起自己的傲慢，把它看成自己的问题，或许还能为遏制污染做些实际贡献。

当我们草草地想把责任归咎于某一方时，或许会忽略某些可能性。

当教授们从个体的角度出发看待停车问题时，这个问题就不再是"停车位不够"了，而是转变成了以下这些问题。

○ 我太懒，不愿意走远路。

○ 我习惯睡懒觉，所以总是不能早点到停车场占个好位子。

○ 往办公楼走的时候，我没有留意途中有意思的东西。

○ 如果我身体比现在好，就可以骑车来上班，也就不存在停车的问题了。

○ 天气不好的时候我太贪图舒适。

○ 我害怕走夜路。

○ 如果路很长，得有人陪着我才行。

○ 我不愿意耗费体力，如果必须耗费，也是越少越好。

○ 我害怕在冰上走会滑倒。

○ 如果要走的路太长，上课可能会迟到。

以上大多数想法的本质是把"停车难"的问题看作一种幻象问题，这改变了教授们对于现状的理解，因此问题也就迎刃而解了。

一部分教职员工很清楚，运动对他们来说是有益的，不过其实每个人都知道这一点。为什么不把上班和锻炼身体结合起来呢？干吗非得把工作和锻炼区分得明明白白，一定要匆匆赶回家再赶去网球俱乐部呢？

一切似乎都顺理成章了，各位博学的教授把问题从"怎样能占到距离教学楼最近的停车位？"转化成了"怎样能占到距离教学楼最远的停车位？"。瞧，问题解决了。天气不好的时候穿运动服，就不用担心身体感到不舒适。事实上，教授们的舒适感越来越强，不只是因为停车位的问题得到了解决，还因为运动服本来穿着就更加舒适，不用像之前那样穿得西装革履，装出一副教授气派去震慑学生。

教授们每天都会走不同的路，沿途欣赏不同的风景，走路上班变成了一个享受的过程。一位教授随身携带了计步器，测量每天走过的路程，长此以往，他对自己每天走了多少步猜测得越来越准。另外一位教授每天上班路上还会顺便弯腰捡捡垃圾，每趟走下来至少要捡起 10 次垃圾。因此，他的小腹越来越平坦紧实，同时，他也为环保做出了贡献。

教授们曾经花费了大量时间去找车位，为了抢时间而超速，甚至为了抢到最近的车位而不惜诅咒他人，弄得精疲力竭。现在回头看，他们不由得好奇：

为什么没早点发现解决问题的办法呢？教授们意识到，一旦遵循了下面这样一条简单的原则，问题就烟消云散了。

为了改变局面，试着把责任归到自己身上——哪怕只有一会儿也行。

事实上，我们还不能说人民群众的问题已经完全解决了。多年以后，仍然有很多人开着车，白白浪费着宝贵的汽油在校园里转悠。他们气得满脸通红，只为找到一个理想的停车位。说真的，采用了上面那种方法的人寥寥无几。在校内最偏远的停车场这块"蛮荒之地"上，只停着一两辆车。但是，至少这几位车主的问题得到了解决。

为了改变局面，试着把责任归到
自己身上——哪怕只有一会儿
也行。

第 13 章　隧道尽头的灯光

　　日内瓦湖旁边的群山中，一条长长的汽车隧道刚刚完工。就在开通之前，总工程师突然想起一件事：她忘了设置一项警示，提醒司机们在进入隧道之前打开车灯。尽管隧道内照明充足，但司机必须做好万全准备，以免因为停电酿成惨剧——深山里极有可能发生这种不测。

　　于是，人们制作了这样一个警示标志：

　　前方有隧道，请开启大灯。

　　警示标志被悬挂在了隧道入口处，然后隧道如期开通了，每个人都松了一口气，问题终于解决了。

　　从隧道东口出来再往前行驶 400 米，就到了世界上景色最迷人的休息区，站在这里可以俯瞰湖区，美景一览无余。每天都有数百名游客前来欣赏风景，放松身体，可能还会三五结伴来一场有滋有味的野餐。

不过，当游客们神清气爽地回到车上时，总有十来个甚至更多的人发现自己的车已经彻底没电了，因为他们下车的时候忘了要关掉车灯。警察总要使尽浑身解数，才能帮他们发动轿车，或者把车辆拖走。游客们怨声载道，发誓回去要告诉他们的朋友，千万不要来瑞士旅游。

老规矩，请暂停一下，问问自己：

这个问题应该由谁来解决?

a. 司机；

b. 车上的乘客（如果车上有乘客的话）；

c. 总工程师；

d. 警察；

e. 当地行政长官；

f. 汽车俱乐部；

g. 以上没有正确答案；

h. 以上全部选项。

由于这类问题存在明确的"设计者"或者"工程师"，因此我们很容易倾向于把责任归咎到他们身上。在这次的事件中，不只是司机这么想，工程师自己很可能也是这么想的。建筑师、工程师和其他设计师都认为，他们应该对整个工程负责到底。

在这个例子中，工程师考虑了以下好几种解决方案。

○ 在隧道出口处设置一块标志牌，写上"关闭车灯"，
  但这样一来，人们在夜间行驶时也会把车灯关掉……
○ 无视目前的状况，顺其自然……哦，不行，问题已经
  出现了，而且政府认为她没有对工作尽心尽力。
○ 在观景处设置一间充电站，但充电站的维护费用会
  很高昂，而且如果充电站出了故障，人们会更加恼火。
○ 授权一家私人公司来经营充电站，但这就意味着观
  景处变成了商业化景区，政府和游客是不会接受的。
○ 在隧道尽头设置一块语言表述更明确的警示牌。

工程师的直觉告诉她，一定有什么办法能写出一段更明确的
警示说明。她尝试了几种措辞，最后完成了一个很有瑞士风范的
杰作——一段非常严谨的说明：

如果是白天，而且车灯亮着，请熄灭车灯；
如果是晚上，而且车灯关着，请打开车灯；
如果是白天，而且车灯关着，请继续让它关着；
如果是晚上，而且车灯亮着，请继续让它亮着。

这段标语如此之长，还用了三种语言！说不定还没等司机读完这条标语，车就已经冲出护栏，被水流卷到湖底了，所以这根本就不是一个可行的解决方案。偏题问一下，葬礼要怎么办？所以，一定有别的更好的办法！

总工程师放弃了如此复杂的表述，转而采用了另一种办法：把解决问题的主动权交还给司机，她只需帮助司机们意识到这是他们自己的问题就够了。总工程师认为，司机是非常愿意解决问题的，只是需要一点小小的提醒。她还认为，司机们不可能是彻头彻尾的傻瓜——如果他们都拿到了驾照的话。我们只需要在隧道尽头设置一块标志牌，写上：

你的灯亮着吗？

如果司机们笨到连这句话都看不明白，那他们遇到的麻烦就不只是电池没电这么简单了。

这块标志牌解决了问题。标语很简洁，所以牌子上写得下好几种语言的译文。总工程师将永远铭记从这段经历中吸取的教训：

如果人们真的开着车灯，一个小小的提醒可能比复杂的解决方案更有效。

你的灯亮着吗？

如果人们真的开着车灯，一个小小的提醒可能比复杂的解决方案更有效。

第
五
部
分

问题
源自
哪里

第 14 章　简妮特·贾沃斯基遇上了混蛋

第 15 章　麦特兹锡恩先生解决了问题

第 16 章　没事找事的人和领赏的人

第 17 章　考试和其他谜题

" 只要你能确认问题到底来自哪里，自

然而然就会有人伸出援手，特别是问

题的根源在你自己身上时。 **"**

第 14 章 简妮特·贾沃斯基遇上了混蛋

冷战期间，一次局势相对缓和的时候，简妮特·贾沃斯基决定倾尽毕生积蓄，去波兰探望祖母。为了申请签证，她填了一大堆资料，还处理了很多琐事——填了 5 份不同的表格，往公证处跑了 3 趟，每次等待时间从 3 天到 6 周不等，自费拨打了 4 通长途电话，写了 9 封信，向 2 位译员支付了报酬。有好几次，简妮特差点放弃。但她的祖母已经 84 岁高龄了，如果整个过程重新来过，祖母可能撑不到和简妮特相见的那天。

最后，简妮特好不容易拿到了签证。她先乘飞机到苏黎世，再转机飞往华沙。接着是繁杂的证件审查。简妮特排了 3 次队，最后被带到了一间灰色的屋子里，一位灰色皮肤的官员正坐在里面，他的灰色制服与周围灰色的布置非常协调。时间大概已经过去了 5 分钟，那位官员还在翻检着抽屉里的文件，好像根本没有注意到简妮特进门。然后，似乎是突然想起了什么，他开始研究助手放在桌上的文件。他不以为然地扫了两眼签证照片，又看了看面前的简妮特，问道："是贾沃斯基夫人吗？"

"是贾沃斯基小姐。"简妮特尽量礼貌而友好地回答道。

灰脸先生清了清嗓子，好像在确认应该对未婚女士独自旅行这种行为给予何种道德评价。随后，他用食指一行一行地划过文件上的内容。"啊，没错，贾沃斯基小姐，"他把椅子往后移了几英寸，双手扶着桌边，"您此行来波兰的目的是什么呢，贾沃斯基小姐？"

"我是来探望祖母的，她住在奥斯特鲁达。那张表格上已经写过了。"

"嗯，我看到了，贾沃斯基小姐。不过，因为您的资料有点问题，我想确认一下有没有弄错什么。"

简妮特突然觉得指尖传来一阵刺痛。如果这种感觉蔓延到手臂上，她就会被恐惧感彻底淹没。"资料有问题？有什么问题？"

"很明显，"灰脸先生暂时松开扶在桌边的一只手，摊开做了个手势，"每一页应该有 8 份经过公证的副本，"他用另一只手指了指，"而这里只有 7 份。"

灰脸先生把双手缩了回去，再次扶在桌子边上，整个人往后靠了几厘米，好像在示意简妮特"出招"。简妮特强迫自己镇定下来，那阵刺痛从手腕回到了指关节，她知道自己碰到问题了，而慌慌张张是永远无法解决问题的。简妮特从小在美国长大，对波兰的官僚体制知之甚少。尽管她很怀疑是不是全世界的官僚都有着相同的高层文化，但这只是一种猜想。

简妮特迫切需要一点时间来想清楚自己的问题，同时掌握更多的信息。于是，她尽可能平静地说："天哪，另外一份材料能跑哪儿去呢？我拿到签证的时候它还在，可能在我行李箱里，或者有没有可能是您的助手把它拿过来的时候弄丢了？"

灰脸先生用波兰语给徘徊在门外的助手厉声下了命令。简妮特之前没有注意到这名助手，但她现在意识到，助手在场本身就是一条潜在的线索，可以提示她问题出在哪里。灰脸先生或许是想索要贿赂，但助手在场时他没法这么做。当然，也许助手根本不会说英语——除了之前和简妮特说过的那几句。又或许，助手本人也参与了索贿。但综合来看，问题不太可能来自这个方面。简妮特想：

那么，问题究竟出在哪里呢？

在这种情况下，人们很容易把整个问题归结于"官僚主义"。这样的看法无异于耸耸肩说："事情就是这样的。这就是自然规律，或者说这就是人的天性，我们没法改变它。"

源自"天性"的问题最难办，原因有二。第一个原因在于问题的根源过于深远，我们会对此感到无能为力。的确，我们常常把问题归因于天性，这样就可以逃避解决问题的责任。"暴饮暴食、我们常常把问题归因于天性，这样就可以逃避解决问题的责任。

渴求得不到的东西、虚报账单，这些都是人的天性使然。"

第二个原因在于人性当中的冷漠。但凡能把问题的根源归结到某个人身上，或者归结到某件真实的物品、某个真实的行为上，我们就可以排除万难找到可行的解决办法。通过追根溯源，了解问题产生的动机，我们就可以消灭问题或者找到缓解问题的办法。但是，人的天性本身不具备任何动机。如爱因斯坦所言："人天性狡猾，但并无恶意。"正因为冷漠植根于天性本身，人们天生就不会关心他人或他人的问题，所以与人性相关的问题最难解决。

面对签证问题时，简妮特觉察到了自己把这一堆麻烦事归咎于"官僚主义"的念头。如果任由这种想法占了上风，简妮特就相当于把整趟旅行能否成行，以及她的毕生积蓄交到了"命运"的手心里。所谓"命运"，不过只是"天性"的一个代名词而已，是世界上所有懒惰行为的头号借口。简妮特可不愿冒这么大的险。于是，她提出了一个至关重要的问题：问题是从哪里来的？

从这一点出发，简妮特构想了很多种可能性。

○ 助手弄丢了第 8 份文件副本。

○ 是她自己把文件放错了地方，或者她从来就没有拿
  到过第 8 份文件。

○ 灰脸先生是个不称职的官吏。

○ 灰脸先生很能干，但他别有用心，故意阻碍她入境
  波兰探访祖母。
○ 灰脸先生没有权力制造这种意外状况，所以从某种
  程度上来说，幕后黑手是他的上司。

简妮特还能想出很多可能性，这个清单甚至还可以列得更长，
但她至少已经跳脱出了"天性"这个视角，以一种建设性的眼光
来看待问题，或许还能采取一些关键行动。

第 15 章　麦特兹锡恩先生解决了问题

　　身处于现代化的都市世界中，我们很少有机会面对真正的大自然。我们可以工作一整天，却不知道，更不关心这一天是不是晴空万里。对于在都市里打拼的人而言，官僚体制才是"大自然"。要是不知道，也不关心大老板今天面对公司上下时是不是面露微笑，人们几乎一个小时也过不下去。

　　在这样的环境里，人们很容易把官僚体制看成一种"自然"现象，就像阳光会把冰凉的沙子晒热，或者蛆会吞噬臭鱼烂虾一样自然。而官僚体制总是发端于某种选拔过程，这种选拔绝不完全是一种"自然"选择。近来，我们听说了彼得定律，这条定律指的是在一个组织里，人的等级地位会不断提升，直到这个人被提拔到无法胜任的职级上。然后，我们又听说了保罗定律，说的是在现代化组织里，一个人承担的工作难度会不断提升，直到这个人被提拔到不能胜任的职级上。尽管这些选拔过程的确存在，但这不过为了将某些特定的人置于权力阶梯特定位置所采取的众多手段中的一部分而已。

自古以来，无数人看到了这种选拔过程，他们常常或多或少地对这种选拔制度嗤之以鼻。罗伯特·彭斯①的诗作《学院院长》（ *The Dean of the Faculty* ）就描述了大学里由同事选举杰出人物的过程，这一制度沿用至今。诗里有一节这样讽刺了大学教师：

你们荣耀加身，犹如一位君王
侍从眼中尽是你们的威望
他们越是无能
越符合你们的期望

尽管这种想法可能并不能宽慰简妮特，但的确给了她一些启发，让她找到了一些解决问题的头绪。

那位官僚机构的代表像机器人一样静静地坐在桌子对面，等着助手把包裹送过来。毫无疑问，他被选出来正是因为能力不足——与那些大学学院院长、银行副总裁以及其他中层干部别无二致。为了这份差事，他对上司感恩戴德，同时，他又不至于威胁到上司的地位。

---

① 罗伯特·彭斯是苏格兰的农民诗人。——译者注

彼得定律： 在一个组织里，人的等级地位会不断提升，直到这个人被提拔到无法胜任的职级上。

保罗定律： 在现代化组织里，一个人承担的工作难度会不断提升，直到这个人被提拔到不能胜任的职级上。

"真的会有这种事吗？"简妮特想，"灰脸先生连少了一份副本这种小事都解决不了？如果是这样，我应该去找他的上司。"

"但也许问题就出在他的上司那里？"简妮特暗暗想道。她明白，对方有可能采用了另一种选拔方式，即由上级选出自己的下属，然后安排他们搪塞别人，防止别人逐级向上寻求帮助。如果下属没能做到这一点，上级就不得不放下手头的工作，亲自来处理问题。"如果是这样，"简妮特分析道，"那么灰脸先生之所以能坐到这个位置，就是因为他能够表现得既愚钝又难对付。"

而且，灰脸先生还有些无礼，至少按照简妮特所接受的美式教育标准来看是这样的。如果一位官员举止无礼，也许我们应该再拓展一下问题的边界：这种无礼从何而来？

"他可能是想吓唬我，以防我找他的上司告状。不过，他这么做也有风险，我有可能会大动肝火，不把他的无礼行为上报给他的上司不罢休。"

简妮特想起她曾经读到过，大多数公务员在无权做出重大决定（比如给只有 7 份文书副本的签证放行）时，就会感到十分窝囊，进而变得举止无礼。之所以举止无礼，是因为你让他们想起自己在生活中处于仆从般的地位，甚至连你的合理要求都满足不了。

简妮特在考虑越过灰脸先生直接找他的上司。此时此刻她在想，不管问题的根源在哪里，最好还是试着去找找更高级别的人。她可以礼貌地笑笑，然后坚决要求见他的上司。这一招能立刻让简妮特进入波兰境内，因为灰脸先生最怕的就是惊动上司。即便不能立刻解决问题，但只要能见到真正管事儿的官员，不管这名官员是否礼貌、是不是个聪明人，她迟早都会拿到入境许可。因为第 8 份副本和前面那 7 份一样，都是打印机打出来的，能有什么区别呢？简妮特觉得，只要能见到官僚机构里有点儿脑子的人，问题就能解决。

但是，如果整个管理链条上没有一个聪明人呢？最糟糕的后果会是什么？难道灰脸先生真的这么蠢，连缺少第 8 份副本这种问题都处理不了吗？

"也许我对官僚的看法太偏颇了，"她想，"也不是所有的选拔都由高层来决定的。毕竟，灰脸先生和我这样的旅客待在一块的时间比他的上司多了。旅客对待他的方式肯定会对他产生影响。如果他面对我的问题和要求拒不妥协，也许是因为之前已经有成千上万的旅客对他口无遮拦，把他当成了一个阴郁的、毫无感情的小公务员了呢。也许我自己才是问题的根源呢？"

"首先，"简妮特心里拿定了主意，"我不会再把他当成阴郁男了。让我想想，或许我可以叫他热心肠先生，要是能知道他的名字就更好了！我不是也常常抱怨自己被人当成无名氏来对待，或者被人用数字来指代吗？但我自己又有多少次懒得去问服务我的店员叫什么名字呢？"

简妮特把椅子往桌子那边拉了拉，这才意识到自己一直保持着挑衅的坐姿。"先生……呃，抱歉，我一直没问您的名字。虽然我们家是从波兰移居美国的，但我不太熟悉波兰的人名。"

热心肠先生从文件中抬起头来，表情放松了下来，脸上带着些许惊讶。"我姓麦特兹锡恩，贾沃斯基小姐，我叫简·麦特兹锡恩。"

他的肩膀往前凑了凑，示意他想和简妮特握个手。这个举动让简妮特想起来，父亲曾告诉过她欧洲人自我介绍的规矩。她把手伸过桌子，说："很高兴认识您，简。请叫我简妮特。"

握手的时候，简·麦特兹锡恩第一次露出了微笑，简妮特甚至开始怀疑"麦特兹锡恩"这个词在波兰语中是不是"笑容满面"的意思。不管怎样，看到这个微笑，简妮特有了更大的勇气把对话继续进行下去。"简是我祖父的名字，"她兴致勃勃地说，"我起这个名字就是为了纪念他。第二次世界大战后我父亲去了美国，在这之前我祖父已经去世了，所以后来我父亲再也没见过他。"

"啊，您的父亲是在波兰出生的？"

"嗯，没错。他流亡到美国之后参军了，当了一名飞行员。他在内布拉斯加州参加飞行训练时认识了我母亲。我母亲一家是19世纪从波兰迁到美国的。所以父亲第二次世界大战之后再也没有回过波兰。"

"太巧了。我哥哥也参加了空军，但他就没有您父亲那么幸运了。他的飞机被纳粹击落，我就成了家里的独子。那时候我还太小，不能参军，真想找机会为我哥哥报仇。"

"说不定我父亲认识您的哥哥呢。我得把这事写信告诉他……"

俩人后面谈论的都是些家长里短的事，我们就没有必要再跟踪下去了。任何一位读者都能猜到第8份副本的问题会怎样解决，事实上问题的确解决了。

礼貌地对待公务员，尊重对方的善心和能力，在绝大多数情况下，就可以激发出对方的善心和能力。在像瑞士这样不再插手别国战争的国家，类似的情形在不断上演，公职人员彬彬有礼甚至已经是很自然的一件事了。银行柜员会帮助你正确填写取款单，售货员会带着你绕过拐角找到已经断货的商品。甚至，就像简妮特在波兰遇到的一样，签证官会自掏腰包，借给你一枚硬币，让你去复印第8份副本文件。只要你能确认问题到底来自哪里，自然而然就会有人伸出援手，特别是问题的根源在你自己身上时。

只要你能确认问题到底来自哪里，自然而然就会有人伸出援手，特别是问题的根源在你自己身上时。

彩蛋

　　当你发现，恶棍原来是英雄，而英雄（也就是你）原来是恶棍，内心一定觉得受到了沉重的一击。我们对此很抱歉，但我们不得不这样做，至少要跟你说一次实话。根据本书作者唐和杰瑞的经验，有至少一半的问题其实原因出在问题解决者自己身上。因此，我们完全有理由写这么一章来和你讲道理。既然我们已经讲通了道理，那你可以回头继续看看其他人有多么愚蠢，然后你的道德感一定会得到升华，你的内心也一定会更加幸福。

第 16 章　没事找事的人和领赏的人

不是所有官僚主义问题都可以用一个微笑来解决。一个原因是，这类问题常常是通过书面形式传达的，你不知道怎么能让人透过白纸黑字看到你的微笑。比如，想象一下你在一家机构工作，常常会接到这样的简报：

收件人：全体工作人员及相关成员

寄件人：尊敬的院长阁下

主题：标点符号主题周报中逗号的用法

最近，我注意到在工作人员提交的关于标点符号使用情况的周报中，逗号的用法让董事会的部分成员感到困惑不解。据我分析，出现这种问题可能是因为部分工作人员没有区分清楚逗号的两种使用情况：在文本中用作标点符号，以及为说明逗号使用情况而使用的逗号。

在此，我将提出一种解决方案，随后我会成立逗号委员会，由委员会负责确定具体细节。

1. 在将逗号用作标点符号时，应遵照英国文本或美国文本的一般格式。

2. 在说明其他文本或该文本对于逗号的使用情况时，需加上单引号，如：','。

2a. 作为第 2 条的替代性方案，在说明其他文本或该文本对于逗号的使用情况时需加上双引号，如："，"。

我会把这份文件发送给列表上的每个收件人，尽可能全面地听取与这一紧迫问题相关的所有工作人员的反馈，以便我们每个人都能贡献出具有创造性、革新性的创意。

在收到这份"杰作"后，很多人读着读着就会笑起来，但是这些笑容都没法让院长阁下看到。那么应该做些什么呢？我们可以再次问一问这个问题，看看能否得到些许启示：这个问题来自哪里？

每当我们看到一份大规模群发、充满官僚主义色彩、声色俱厉却又毫无实质性内容的材料，总觉得好像面对着一个不知道从何而来的问题。或者更准确地说，问题就源自问题本身。这类问题亘古不绝，其中一个经典案例就是国际会议。

每当我们看到一份大规模群发、充满官僚主义色彩、声色俱厉却又毫无实质性内容的材料，总觉得好像面对着一个不知道从何而来的问题。

在写作这本书的过程中，我们很高兴地得知，又一场国际裁军会议正在日内瓦举行——在日内瓦，国际会议已经成为一种高级的艺术形式了。日内瓦居民猜测，裁军问题之所以这么难以解决，会不会是因为裁军会议本身太过吸引人了呢？

如果裁军会议每天早上六点半开始，和瑞士当地诚实的职场人士上班时间一样，会对军备竞赛有什么影响吗？如果把会场内的软皮椅子换成硬木椅，又会怎样呢？如果工作餐是从阿克伦市一家路边餐馆买来的冷冻鱼条和受了潮的薯片，而不是由日内瓦乐瑟纳餐厅供应的北极红点鲑鱼和英式煮土豆，又会发生什么呢？

不要误会，我们绝对没有反对裁军的意思，也并没有想要贬低这些参会的尊贵女士和先生，他们不遗余力地为疲于奔命的穷苦大众谋福利，的确需要偶尔享乐，放松身心。我们只是想指出这种可能性：解决问题的过程、人员或者机构也会变成问题本身。

在过去，当激进人士的观点的确很激进的时候，他们常常会说："如果你不站在解决问题这一边，那你就是站在了制造问题的那一边。"

其实完全可以换一种说法："今天你在解决问题，明天就有可能会制造问题。"

想想那些曾经的激进派最终落得了什么下场——尽管他们的的确确曾站在解决问题这一阵营里。

解决问题的过程、人员或者机构也会变成问题本身。

不妨猜测一下，只是做一个假设而已。如果世界各国突然都解散了军队，最终会发生什么呢？日内瓦的法式糕点会被退货吗？会有一半的官僚乘坐经济舱返回世界各地像阿克伦市一样的城市吗？根本不可能！

在近代历史上，这样的例子屡见不鲜：当一些著名的问题解决机构所关注的问题烟消云散时，问题解决者们可不会脱下正装，把衣服打包进行李箱，乘坐下一班飞机飞回家。绝对不会！事实上，他们会转过头去解决其他的问题。小儿麻痹症被终结之后，美国畸形儿基金会（March of Dimes）并没有因此关门大吉。还有很多其他疾病亟待攻克呢。战争（任何一场战争）结束后，军队也并不会被解散。没错，军队变成了常备军，但这并不意味着士兵们无所事事。在通常情况下，总会有一些问题，迫切需要借助他们的特殊才能去解决。

简言之，问题的终极根源也许根本不存在。换句话说，在问题解决者的世界中，问题制造者是国王、总统或者大学院长。

这就把我们带回到了开头的那个问题上：该怎样处理那份关于逗号的文件？

你的祖父可能曾经告诉过你："世界上有两种人，一种人做事，另一种人没事找事。远离那些没事找事的人，你就能活得很舒服。"

或者，你的外祖父曾经说过："世界上有两种人，一种人做事，另一种人邀功请赏。做第一种人吧，这样就没多少人和你争了。"

这两条观察结论真是充满智慧，每一条结论都可以用来解决上面那个文件问题。一种方法是离那些写文件的人远一点，最简单的方式就是给他们安排几间装修考究的办公室，最好是安排在你能找到的那幢最高的办公楼的顶层，离单调乏味的办公区越远越好。怎么才能让管理者搬到那里去呢？想想你是怎么把蜜蜂引到三色堇苗圃里去的？又是怎么把苍蝇引到粪堆去的？不费吹灰之力，那些管理人员就会主动聚集到大楼顶层，坐到赫曼·米勒牌的办公桌边，把员工们留在地下室里，坐在橙色的板条箱上任劳任怨。

在我们的祖父那一辈，复印机还未被大规模使用。在那个相对单纯的年代，物理空间的隔离已经足以挑起管理人员们相互找茬。但是，在更加现代化的今天，只要会使用复印机，任何人都能变成一个备受读者拥趸的作家，所以单纯的空间隔离已经不管用了。早晚有一天，员工们会面对那个无法避免的问题制造者——简报。

我们已经收到了题为"逗号的用法"的简报，还不知道该如何应对。既然这个问题根本就是无中生有，不妨问问自己："如果祖父遇到这种事，他会怎么做呢？"我们紧紧地握住了圆珠笔，在纸的右上角写下："真是个好主意，我们讨论一下。"

然后把原件送回给尊敬的院长阁下。（别把这些复印件塞到世界上有两种人，一种人做事，另一种人没事找事。远离那些没事找事的人，你就能活得很舒服。

世界上有两种人，一种人做事，另一种人邀功请赏。做第一种人吧，这样就没多少人和你争了。

你的文件柜里——让送件部门当你的文件整理系统就好。）至少来回反馈三到四轮之后，院长阁下才能意识到，如果只是派秘书给每个人打电话预约空闲时间，永远都没办法把大家凑在一起开会。当最终的会议时间敲定之后，记得一定要在这个时间段内预约牙医（不过你得始终保留着一个没补上的牙洞）。然后，等会议结束，拿一份会议文件，在右上角写上："抱歉，我因为去看牙医没赶上开会。分号的使用问题我们要不要也讨论一下？来吧，讨论讨论吧。"

只要有点想象力，你就会知道在接下来一个月的时间里，每次院长阁下发放简报的时候，都不会再没事找事来干扰你了。几乎不费吹灰之力，不占用任何存储空间，不必浪费时间做那些文书工作，除了给你送来的文件之外不用浪费一点纸张——这对于生活在丛林中的鸟儿们来说至关重要。问题从哪儿来，就把它送回哪儿去，这样一来，你不仅把功劳都推给了院长，还可以省出时间来做一些别的工作。

你不敢试一试吗？大可不必担心，因为那些没事找事的人根本没空来看你在做什么。事实上，他们会非常享受整个过程的。

第 17 章　考试和其他谜题

今天，大多数小学生知道婴儿是怎么来的了，却好像仍然以为考试题目是上帝派鹳鸟送到人间的。也许是因为他们觉得讨论"问题是从哪里来的"很"可耻"？这么想就太遗憾了，因为问题的根源对于解决问题来说常常至关重要。

想一想学生们为了应付令人头疼的期末考试而不得不做的家庭作业吧。聪明的学生很快就会发现，老师布置的作业总是与上一周课上所学的内容有关。换句话说，如果这周学的是光和光学，作业里肯定不会出现热力学定律。不过，万一教授在作业里偷偷加了一道前两周做过的难题，他就惨了。但是，学生们会很快矫正反常行为——家庭作业体系就这样固化下来了。

所以，说到底，是学生们自己固化了这种家庭作业模式。尽管在这种模式下，每周的家庭作业更容易应付，但当期末考试来临的时候，学生就会被打个措手不及。在这种关键的时刻，考卷上的试题有可能出自之前十五周里任意一周学过的内容。学生们平时就靠着"问题是从哪里来的"这条线索应付家庭作业，可在期末考试面前，这条线索已经彻底随风而逝了！

学生们常常抱怨，学校并没有帮助自己做好准备去应对"真实世界"（不管这个真实世界是什么），却不曾注意到，学校连帮助自己做好应对期末考试的准备都没做到，这太可笑了！

不过，考试题目并不是上帝派鹳鸟送到人间的。聪明的学生会站在出题人的角度"解读"出考试相关的线索。要是你不填上老师想要的答案，那你可就太傻了。

比如，当你参加博士资格"综合"考试的时候，可别误以为这真的是什么"综合"考试。这些试题可是一帮小肚鸡肠的老师绞尽脑汁想出来的。解决问题的第一个必要步骤，就是推断试题出自系里哪位教授之手，而他也会是阅卷人。如果你不仔细想想下面这个问题，就可能变成了缘木求鱼，甚至在离目标越来越远了：

问题是从哪里来的?

因为考试毕竟是考试，考题也并非来自外太空，对于如何解题这件事，考题本身已经透露出了很多普遍性的线索。当然，解题不能超过考试规定的时间限度。如果你的解题方法需要花费很长时间，考试时长不够，那么无论是多么优雅的解题方法，都不应该使用。

此外，由于现在很流行多项选择题，那些脑子转得快的人有时甚至根本不需要遵循出题人的思路就可以做完整份试卷。一系列关于"程序员能力倾向测验"的研究表明，"计算能力"部分的每一道测试题都无须使用那些令人望而生畏的算术方法。事实上，连题都不用看，就能给出答案！

你可以自己试试。以下是一组典型的考题选项：

a. 31938

b. 31929

c. 31928

d. 32928

e. 31828

我们很清楚，这些答案是由人设计出来的，而不是鹳鸟设计出来的。只要我们在这道题上犯一丁点迷糊，就会得出错误的答案，这正是出题人狡猾的地方。所以只要我们研究一下考题选项的结构，就能看出选项 c 是正确的。为什么呢？试试看吧，请看图 17-1。

31938

31828   31929

32928

$$\boxed{31928}$$

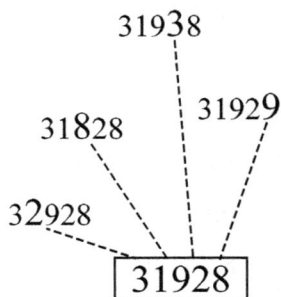

图 17-1　每个错误答案都是在正确答案基础上改了其中一个数字

有了这样的选项，还用得着再看问题吗？这种问题纯属浪费时间，分散注意力而已，而这完全是可以巧妙避开的，我们只需问一问：

问题是谁出的？他想对我做什么？

很多传统意义上的"解决问题"，实际上只是"解谜题"而已。谜题设计得有难度，但这种难度恰恰暗示着背后有个出题人在故意要花招。我们知道，如果谜题没有一点非比寻常的难度，出题人就不会把这道题拿出来了。

讽刺的是，恰恰是因为出题人试图提高难度，反而给了我们很多线索，帮助我们迈出了研究所需要的第一步。

考虑一下"国际象棋问题"。国际象棋问题实际上就是一种谜题，走"明棋"是无法解开这道谜题的，比如直愣愣地攻击对方将帅。人们一踏入象棋谜题的世界，就会下意识地想："问题

有难度的问题才是好问题。

是从哪里来的？"这样一来，大家就不会再走"明棋"，因为有难度的问题才是好问题。

那么，要如何愚弄一个棋手呢？可以给他设个局，用行家的话说，就是给他设置一个拥有多种解题方案的"问题"。因为他"知道"这只是一个谜题，而不是一个问题，所以可能会花很长时间来思考各种可能性，唯独不会去想这可能就只是一招平平无奇的"明棋"。当他好不容易想到这种可能性的时候，就会非常生气，和那些学生发现教授出的题目与倒数第2章内容有关时一模一样。

对于一个沉浸于谜题解决思维模式的人来说，显而易见的解题方法无异于当头一棒。在战争中，迷惑敌人最简单的一招就是以"明文"发送一条信息。密码破译专家知道消息是从敌方发出来的，就不会按照其字面上的意思去理解。不过一般来说，各种军事问题比很多普通人日常生活中的问题更容易对付，就因为你知道"对手"是谁，如果能合理利用对方的特点，就能大大减少需要考虑的问题定义的数量。

第
六
部
分

第 18 章　不怕累的汤姆被玩具耍了

第 19 章　佩兴丝小姐的计谋

第 20 章　一项优先级较高的任务

你
真的想
解决问题
吗

在正式开始着手解决任何一个问题之前，每一位立志成为问题解决者的人都应该问一问：我真的想找到解决方案吗？

第 18 章　不怕累的汤姆被玩具耍了

现在我们已经知道，大多数人在大多数时候会觉得自己在面对某种问题。因为"问题"的定义很宽泛，理想状况和实际状况之间的差距都可算作问题，所以人们的感觉并没有错。

知道自己碰到了问题是一种主观感受。你觉得自己碰到了问题，就是真的碰到问题了。但是知道问题是什么，就是另一码事了。当然，很多遇到问题的人觉得自己知道问题是什么，不过，这往往是一种错觉。

这种错觉的一个典型表现就是人们普遍相信"解决问题"是一件大事。有很多人告诉我们："我最大的问题就是不善于解决问题。"胡扯！在大多数情况下，只要搞清楚问题是什么，解决问题就是小菜一碟。也许学校之所以培养出不合格的问题解决者，就是因为根本不给学生任何搞清楚问题本质的机会——反正老师说问题是什么就是什么，你最好听老师的话！

我们中的大多数人上过学，甚至是接受了过多的学校教育。我们已经形成了一种本能：紧紧抓住看起来像是"问题"的第一个表述，然后尽快"解决"它。因为大家都知道，在考试中，速度很重要。当然，集中注意力也很重要。

所以，当人们走出校门，不再参加考试的时候，很难摆脱考试思维带来的解决问题的惯性。

不要误解上文的意思。当你还身陷于学校体系，想要努力在这样一个糟糕的环境中取得最佳成就时，恰恰应该第一时间抓住问题表述，迅速进入状态并始终坚持遵循这一方法，甚至在其他个别情况下也是如此。事实上，如果当初有人直接得出"电梯运行的速度太慢了，需要修理"这一结论，那么雷龙大厦的问题瞬间就可以解决。这种"闭上眼睛往前跳"的方法偶尔也会奏效，所以人们至今还在使用。要是这种方法一点都不管用，人们会早在走出校园一段时间后就不用它了。

"闭上眼睛往前跳"这种方法至今还未消失的另一个原因在于，"解决问题"很有意思。一旦我们开始着手处理一个好问题，那就只有变态才会来挡道。这种人我们再熟悉不过：刚从医生手里拿到体检报告就戒了烟的家伙，认为别人都该服从他的领导的家伙，逮着机会就说教别人的家伙。

为什么会这样？即使我们在解决的不是"真正的"问题，它在大多数情况下，只要搞清楚问题是什么，解决问题就是小菜一碟。

也会变成我们眼中真正的问题，因为我们太想解决问题了，就像英雄拯救世界一样。换句话说，别管我们！你们二位作者又有何权力站在道德制高点上阻挠别人解决问题、寻找乐趣？

这是个好问题，我们最好面对它，因为唐和杰瑞最擅长在别人解决问题的过程中令人扫兴了，在这方面他们二位可以说是称霸世界。我们之所以能站在道德制高点上对他人加以干涉，是因为有这样一句忠告：

以牙还牙，以眼还眼。

我们俩和你们当中的很多人遭遇过这样的经历：一些年纪轻轻的问题解决者满怀热忱毁掉了我们解决问题的乐趣，打破了宁静平和的状态。正因如此，我们完全有权去扰乱一部分问题解决者的雅兴。

"打破了宁静平和的状态"是什么意思呢？计算机领域可以提供一个很好的案例。当计算机刚刚开始普及的时候，人们并没有争先恐后地去拜访发明者，相反，是一群专注于将计算机运用到各行各业的问题解决者们把计算机推到了尚不愿接受，或者至少是态度较为谨慎的公众面前，这群狂热分子对于计算机的普及起到了极大的推动作用。

这些问题解决者很年轻，血气方刚，这从他们的口号中就能看出来。

任何你不擅长应付的、厌倦的、无暇顾及的问题都请交给我们。

没有什么问题大到无法解决，没有什么问题小到足以忽视。

难题立刻即可解决，不可能的任务只需多花一点点时间。

计算机对年轻人产生了深刻的影响，或者不如说，年轻人深深地影响了计算机。

为什么会这样？即便几十年来积累的智慧告诉我们事实并非如此，但每个新生走出第一堂程序设计课时都坚定不移地认为：只要有足够的时间和一台计算机终端，就可以撬动整个地球。毕竟，年轻人为什么要在意布满尘垢的智慧遗产呢？

而且，难道这个观点不正确吗？就算别的什么也没学到，这些年轻的计算机崇拜者也会锲而不舍地为他们创造出来的解决方法寻找与之匹配的问题（我们称之为"解决方案式提问"），并在这个过程中学到宝贵的一课。追求什么就会学到什么，所以他们多半会学到如何定义问题。

他们会发现，要求人们把问题表述得足够清楚以满足计算机的精确需求有多么困难。对计算机而言，最无关紧要的步骤也必须描述得琐碎而详尽。起初，这些初生牛犊会觉得这是因为人们太不善于交流——这种悲观的评价有时是正确的。但在更多情况下，沟通不畅并不是造成困难的原因。我们没法交流不了解或者说压根不想了解的事情。

不过，我们站在道德制高点上说教得已经够多的了，下面讲个例子怎么样？

从前，一位叫作汤姆·泰尔列斯的年轻程序员偶然间遇到了一家玩具厂。这个热情的小伙子活力四射，轻松地打消了围在玩具厂管理层办公室外那帮员工的戒心。很快，他就和三位副总裁一起坐在了一间环境高雅的会议室里。短短几分钟之内，几位领导就开始贪心地盘算汤姆的计算机能给他们带来多少好处了。

汤姆先是向这几位门外汉初步介绍了他的奇妙设备有多么强大的能力，然后，这位解决方案式提问者问副总裁，有没有什么适合用计算机来解决的问题。是的，他们的确有一个非常紧迫的问题。坦格朗玩具公司（以下简称"TT公司"）一共建了三家生产厂，汤姆所在的这一家在太平洋岸边，另外一家在大西洋岸边，剩下的那家在密苏里河畔的堪萨斯城。玩具由这3家工厂生产出来，再被运送到全国各地大约50家批发商手里。

当然，高管们解释道，运输需要花钱，这提高了每件坦格朗玩具的实际成本。此外，因为不同的批发商与各家工厂之间距离不等，所以所有的运输成本都不相同。解释到这个份上，汤姆·泰尔列斯已经坐不住了。除了在电脑屏幕面前，他并不习惯久坐，更别提一直坐着听人讲话了。

汤姆早就意识到他们的问题是什么了。这是一个经典的运筹学问题，用他的计算机就可以漂亮地解决。当高管还在喋喋不休地解释着问题的时候，汤姆的思绪已经飘到了如何解决以下这个问题上：

已知一组来自批发商的订单，TT公司该如何将这些订单分配给3家工厂生产，才能使得总成本（生产成本加运费）最低？

副总裁们好不容易才解释清楚他们目前的确面临着这样的问题。此时，汤姆已经盘算出该要哪些信息以供计算机运算了，比如总订单、各家工厂生产单个玩具的成本，以及将一个玩具从各个工厂运送到各个批发商所在地的运费。

为了找齐汤姆所需要的信息，TT公司的高管们确实花了不少时间，不过两周之后，所有信息都整整齐齐地放到了汤姆在计算机中心的办公桌上。

汤姆花了一些时间反复查看了这些数据，结果发现了一件让人心烦的事儿。当看完全部数据后，汤姆给公司高管打了个电话，约他们见个面。

"很遗憾，"汤姆宣布，"关于你们的问题，我发现了一些古怪的地方。如果你们的数据没有错的话，那么有可能，我们举个例子吧，在现在这家工厂制造一只泰迪熊，再把它运到堪萨斯城那家工厂，都比堪萨斯厂生产一只熊的成本要低！堪萨斯厂的生产成本是 3.95 美元，而你们厂的成本是 3.07 美元，再加上 23 美分的运费，总成本是 3.3 美元，比堪萨斯厂单纯的生产成本还要低 65 美分。"

为了强调自己的观点，汤姆双手撑在了会议桌上。3 位副总裁叹了口气，交换了一下眼神。"没错，"3 人中最资深的那位副总裁说，"这个我们都知道。"

"大西洋海岸的那家工厂情况也一样，这你们也知道吗？"汤姆停了停，好让他们想一想他说的话，"你们生产一只泰迪熊运到那儿只用花 3.38 美元，但他们光是生产成本就超过 4.24 美元了。"

"是的，这个我们也知道。你想说明什么呢，年轻人？"

"请让我再问一个问题。你们是不是还知道，你们生产线上全部 374 种玩具都是这样的情况？"

"我们当然知道。这家工厂是全世界最现代化的一家，生产效率比另外两家工厂高得多，而且，这里的劳动力成本也更低。这就是我们要在这里建厂的原因。"

汤姆被他们的迟钝给弄糊涂了。"可是难道你们没有发现吗？你们根本用不着计算机来告诉你们如何尽可能地把成本降到最低呀。"尽管承认这一点对于汤姆来说很艰难，但他还是说了下去，"你们只需要关掉另外两家工厂就行了！把所有的订单都安排在这家工厂生产，然后把货从这儿运到全国各地！哦，对了，即使不直接运输到批发商那里，而是先运到那两家工厂的装卸码头去，也会比你们现在的做法更省钱！"

"没错，但我们不能接受这种解决方法。"

"什么？解决方法可以解决问题，你们为什么不能接受？"

"因为 TT 公司总裁就住在大西洋岸边那家工厂附近，而董事长就住在堪萨斯城。唉，他们可不会因为任何理由搬到太平洋岸边来。"

"他们肯定不愿意。"另外两位副总裁异口同声附和着。

"但是这样的话，你们的问题就不是如何尽可能地降低成本，而是如何讨总裁和董事长开心了？"这位解决方案式提问者被激怒了，"那你们为什么要找我解决这个问题？"

仔细思考了 30 秒之后，那位资深副总裁开口了："你说过你的计算机能够解决任何问题，我们也愿意相信计算机能帮上忙。你说的这些我们从建厂那时候起就知道了，但我们没办法向两位大老板证明我们是对的。没错，我们以为你的计算机能顶点用，他们虽然不相信我们，但说不定相信计算机算出来的结果呢。但现在，我们想清楚了，计算机的结果看起来也不怎么靠谱。"

汤姆几乎要崩溃了，但还不死心。"为什么不可靠呢？我可以用线性编程包把这些数据都运算一遍，计算机会给你们提供一份完美的报告——尽管上面会印有很多数学符号，但不至于因此说服不了你们的老板。给我一个机会吧。"

副总裁几乎都没有注意到汤姆插话了。他接着说道："不，他们就是不愿意搬家，无论公司的成本如何，反正他们能承受。不过我们 3 个还是希望公司能提高效率——我们自己还没发财呢。"

就这样，汤姆·泰尔列斯学到了关于问题定义最重要的一课，想为别人解决问题的人都应该看看：无论表面看上去如何，在你提供人们想要的东西之前，他们很难知道自己想要什么。

无论表面看上去如何，在你提供人们想要的东西之前，他们很难知道自己想要什么。

第 19 章　佩兴丝小姐的计谋

有时候人们很清楚自己想要什么，但对于那些解决方案式提问者来说，问题并未到此结束。看看这个故事，主人公也是一位计算机使用者，就是佩兴丝·普鲁登。

美国某州州长发布了命令，要求州政府各部门都开始使用计算机。这些性能优越的机器是睿智无比的州长刚刚为政府采购的。计算机自己并不反对每天 18 个小时无所事事——毕竟计算机只是一台没有感情的机器而已，没法因为这种事情斤斤计较，但州长顾问提出，在大选年这种重要时期，这么长时间的资源"闲置"会被认为是不理想的政绩表现。人们在评估计算机的价值时，看的不是用它们做了什么工作，而是花了多少时间来使用它们。一个几分钟就能解决的问题一定不是什么重要的问题。在官僚体制可掌控的范围内，能多用几个小时计算机，就得多用几个小时。

州计算机中心主任向每个部门都指派了一名程序员作为联络

员。佩兴丝被派到了财政部。此前，有个别部门完全不使用计算机，财政部就是其中之一。财政部的副主任给佩兴丝分配了第一项任务——计算道路修建相关的税收评估，把税收分摊到新建道路沿途的每位业主身上，因为新建道路是可以为这些业主带来收益的。

佩兴丝起初估计这项工作一周之内就能完成，结果竟然拖了三个月，这主要是因为那名副主任一直在不停地做出微小的修改。当佩兴丝以为自己已经做出了最终版本的时候，她几乎已经精疲力竭，耐心也快到了极限，可是副主任仍然不满意。

"这是个什么破程序呀？"他傲慢地说，"你算出来的税收金额是 13 258 993.24 美元，可是用于分配的总金额是 13 258 993.25 美元！"

佩兴丝努力地保持着冷静："这只是合并计算每位业主获赔金额时造成的一点点误差而已。有时候总金额会多 1 美分或少 1 美分，有时刚刚好。但误差额度绝不会超过 1 美分，所以没什么好激动的——这只是 1 300 万美元中的 1 美分而已。"

"要为什么事情激动该由我来决定吧，小姐。"副主任打断了她。在年轻女士面前，特别是在能干的年轻女士面前，他好像总是显得很激动。"我才是这个州里要对纳税人的钱负责的人，不是你。我必须知道每一分钱的用途。"

佩兴丝可能被副主任傲慢专横的做派和语气吓到了，但她也被逼到了忍耐的极限。"好吧，要我说，你就是不了解你的工作。

有时候人们很清楚自己想要什么，但对于那些解决方案式提问者来说，问题并未到此结束。

为了微不足道的 1 美分，就要全部推倒重来，修改程序，根本没法给纳税人省钱。"

"不要激动嘛，"副主任非常害怕女人发火，"不管这会给你和你的计算机带来多少麻烦，但我必须遵守相关法律条文，哪怕是一分钱都不能放过。"

佩兴丝感受到了他的恐惧，有了更足的底气把情况想清楚。"等等，你们打算每年用几次这个程序？"

"我可以向你保证，小姐，我根本没打算用它，除非你能把它调整好，到时候我再考虑用它。"

佩兴丝火冒三丈，她努力让自己看上去平静一点。"就当是讨论一下吧，假设我最终把它调整好了，那么你们准备一年用多少次？"

"州政府每年大约做 10 次这样的评估。事实上，我自己的时间大部分用来计算这样的评估……"

"我知道了。"佩兴丝打断了他，然后翻了翻自己的钱包，这让副主任更加紧张了。佩兴丝找到了她想找的东西，起身准备离开。她把一张 1 美元的纸币放在副主任桌上，说："我想为州里捐点小钱。你可以晚点再把收据寄给我。"她往门口走去，犹豫了一下，温和地笑笑，用最甜美的语气说："我想，编程工作这样就算结束了。我捐的钱能在今后十年内满足法律要求。等钱用完了，请告诉我一声，我可以再捐。"

当然，佩兴丝并不觉得她解决了副主任的问题。她这么想是对的。这位副主任向主任汇报说，计算机的准确度达不到税收评估的要求。在这个问题上浪费了三个月之后，他得出了一条结论，最好的解决办法就是彻底忘掉用计算机这回事。当然，这个方法才能解决他真正的问题。

无论是问题解决者，还是解决方案式提问者，都免不了要用这种形式来破坏佩兴丝的努力。她学到了关于问题定义的第二课：

从最后的分析结果来看，并没有多少人真的希望解决他们的问题。

从最后的分析结果来看，并没有多少人真的希望解决他们的问题。

第 20 章　一项优先级较高的任务

　　我们认识一位极其优秀的问题解决者，他在踏入这个领域时接到的第一个任务就是帮助一家机构破解密码，这家机构的名称不便透露。他已经从事破解谜题的工作近 10 年之久，积累了大量技巧——正是这种技巧帮他赢得了这项优先级较高的任务。

　　这项任务的代号叫作"虚张声势"，目的是要破译"一个欧洲小国"在外交工作中使用的密码，这个小国恰好是他的祖国的同盟国。"虚张声势"这项具有风险性的工作持续了两年，然而在其中 18 个月里，他似乎毫无进展。借助全世界最强大的计算工具的力量，他一丝不苟地制作了大量图表，最后逐渐确信这些外交官使用了一种"书码"——这种加密方法几乎固若金汤，不可能破解。

　　在进行"虚张声势"这项任务的另外六个月里，他确认了这套密码体系的密钥是一本悬疑小说。他又花了两个月时间逐步缩小了作者的范围。最后，在该机构综合图书馆的间谍和阴谋题材馆藏区，他终于找到了这本书——《贝罗那俱乐部的不快事件》（*The Unpleasantness at the Bellona Club*），作者是多萝西·L. 塞耶斯 [①]（Dorothy L. Sayers）。

他已经迫不及待地想要破解密码了，于是找出了一个看起来极其紧急的密码，开始把毫无意义的数破译成页码、行数和词数，如表 20-1 所示。

表 20-1　某欧洲小国密码信息

页　　数	行　　数	词　　数	该位置上的词
112	25	7	二十
133	25	7	三
157	27	5	瓶
147	14	6	威士忌
19	5	7	五十
32	30	2	九
192	17	4	葡萄酒

"23 瓶威士忌，59 瓶葡萄酒……"这是一条支出账目！他大为惊讶，赶紧试了试其他信息，又是一条支出账目！两天之后，他将"虚张声势"任务所涉及的 57 条信息全部破译了出来：每

---

① 英国著名推理小说大师。——译者注

一条都是支出账目！又过了两周，我们的问题解决者离开了那家"情报"机构，转行做了老师。

在结束开场白之前，我们应该再提出一个问题。在正式开始着手解决任何一个问题之前，每一位立志成为问题解决者的人都应该问一问：

我真的想找到解决方案吗？

尽管这个问题听上去令人震惊，但我们的确已经看到了很多这样的例子：人们一看到解决方案，就不想要它了。问题解决者也许会因此丢掉饭碗，比如之前我们讲过的裁军的故事——尽管我们无比希望这个故事能有另外一个更好的结局。或者，就像"虚张声势"这项任务一样，得到的答案竟是如此无关紧要，这让我们觉得自己毫无价值。

我们常常会落入陷阱，因为我们已经在一个问题上花了很长时间，下了很大功夫，甚至根本没有意识到自己已经解决了问题，干吗还要去想到底需不需要这个解决方案呢？恰恰相反，因为问题发生得太快，我们根本来不及好好思考问题本身，更不用说思考自己是不是真的想要解决方案了。一个兜里没几块钱、连一盒火柴都买不起的穷学生，逛街的时候却幻想着拥有一艘游艇，或者至少是拥有一包香烟。如果突然中了 10 万美元的彩票大奖，他会脑子一热买下所有想要的东西，尽管他有可能晕船，或者因为抽烟染上肺癌。

在正式开始着手解决任何一个问题之前，每一位立志成为问题解决者的人都应该问一问：
我真的想找到解决方案吗？

尽管很多问题必须速战速决，但还是要提防那些催你的人。在寻找解决方案的过程后期，心急就容易犯错；在刚刚开始寻找解决方案时，心急会带来灾难。生活中到处都能看到《渔夫的妻子》这个故事的影子。

渔夫发现渔网缠上了一只瓶子。他打开瓶子，从里面跑出来一个精灵。精灵告诉渔夫，为了感谢渔夫把自己放出来，他可以满足渔夫夫妇三个愿望。夫妻俩当然对美好的未来感到非常兴奋。那天晚上，他们熬到很晚，讨论自己该许什么愿望。两人兴奋得忘乎所以，结果忘了吃晚餐，大概凌晨三点的时候，妻子叹了一口气，喃喃地说："好饿啊，真希望有香肠可以吃。"

噗！桌上出现了一根美味的香肠，但渔夫一点都不高兴。"看看你干了什么，你这个愚蠢的女人！你简直就是没脑子，我们现在只剩下两个愿望了。真希望这根愚蠢的香肠挂在你鼻子上。"

噗！

许过愿的朋友们可以想象一下，渔夫夫妇第三个愿望许了什么。不过，渔夫夫妇已经比其他许愿故事中的主人公幸运很多了，比如恐怖故事《猴爪》[①] 里的那对夫妻。

---

① 英国短篇小说作家雅各布斯的作品，描述一对夫妇从朋友手中得到神秘的印度猴爪，并向猴爪许下三个愿望的故事。——译者注

尽管很多问题必须速战速决，但还是要提防那些催你的人。在寻找解决方案的过程后期，心急就容易犯错；在刚刚开始寻找解决方案时，心急会带来灾难。

关于如何解决问题，有一句古老的格言：

我们永远没有足够的时间把事情做好，但永远有足够的时间重新来过。

但是，我们不是总有机会重新来过，所以我们必须做得更好。换句话说，我们永远没有足够的时间去考虑到底想不想得到解决方案，但永远有足够的时间来为之后悔。

然而，即使我们真的想得到解决方案，也可能不会注意到，任何解决方案都会不可避免地带来一些副作用。万能溶剂是古代炼金术士梦寐以求的东西，世界上任何物质都无法抵挡其溶解性。就像点金术一样，对万能溶剂的追求也是徒劳无功。真遗憾，因为要是能找到这种溶剂，就可以知道如何存放它了，那可就太酷了。

如果万能溶剂真的存在，任意一种容器都会被溶解掉。我们可能很难把这看作一种"副作用"，但是它也可能会在地上腐蚀出一个洞，直达地心，这总算是一种副作用了吧？

然而，我们总是倾向于认为只有某些特定解决方案才会带来"副作用"。"副作用有可能根本就不会出现。即使出现了，我们也可以调整解决方案，消除这种副作用。"可是你知道这种天真的想法给人们带来了多少灾难吗？

当致人死亡的因素被逐一根除后，为何我们还会惊异于人口增长带来的副作用——越来越多的老人无人赡养？当致使婴儿夭我们永远没有足够的时间去考虑到底想不想得到解决方案，但永远有足够的时间来为之后悔。

折的因素被逐一根除后，为何我们还会在发现总人口开始蓬勃增长的时候震惊而担忧？

答案可以部分归结为人类的习惯化倾向：人类对某种刺激的反应会随着这种刺激的重复出现而递减。习惯化会使得我们忽略环境中恒定不变的东西，从而简化自己的生活。当我们生活的小圈子里出现什么新事物时，最开始的刺激性是非常强的。等过一段时间后，如果它既不制造危险也不创造机遇，就会变成"环境"或者背景的一部分。直到最后，它的痕迹就一点儿也看不出来了。

鱼总是最后一个看到水的。

我们在思考问题的时候，往往会忽略那些习以为常的事物，把它们排除在思考范围之外。只有当"解决方案"移除了那些习以为常的因素时，我们才会恍然大悟。关于这种现象，一个最生动的代表性案例就是在萨蒂亚吉特·雷伊 ① 执导的电影《阿普三部曲》之《大树之歌》（*The World of Apu*）中，阿普的妻子去世的场景。

当阿普听到妻子去世的消息时，他一下子扑到床上，几天都不能动。在雷伊的镜头里，阿普静静地在床上躺了好几个小时，突然，他的闹钟停下不走了。

---

① 印度电影导演、编剧、制片人。——译者注

鱼总是最后一个看到水的。

原本昏昏沉沉的阿普突然惊醒过来，观众早已习惯了闹钟的滴答声，突如其来的寂静让他们也感受到了极强的冲击力。我们稍作反应后才意识到，我们所体会到的震惊与阿普的感受别无二致——当妻子的心脏停止了跳动，阿普才意识到妻子曾是他生活中多么重要的一部分。

和电影制片人一样，问题解决者也是一个和想象中的世界打交道的艺术家。从很早的时候开始，其实是从最初开始，当其他人像鱼一样毫无意识地在水里游来游去，对眼前的水视而不见时，问题解决者就必须努力看到"水"的存在。当"问题"最终得到"解决"时，水也就变成了沙。

彩蛋

当你完全沉浸于问题中时，亲爱的问题解决者，你可能还会忽视另外一件事情。在沉迷于解决问题时，你可能会忽略自己提出的解决方案是否偏向了道德天平的某一方。一个人眼中的罪行在另外一个人眼中可能是美德。我们不敢告诉任何读者杀人一定是错误的，就像我们不敢告诉一个食人族的人吃人一定是错误的一样。也许，此处我们应该引用一句波洛涅斯[①]对哈姆雷特说的话，

---

① 莎士比亚剧作《哈姆雷特》中丹麦国王克劳迪斯的御前大臣。——译者注

尽管这句话显得有些多愁善感："最重要的是，忠于自己。"

　　在解决问题这门学问上，要做到忠于自己，必须在快要得出解决方案，甚至是在得出问题的定义之前就考虑到道德问题，然后舍弃掉自己感性的那一面。这样的思考绝不会是浪费时间。因为，解决问题时永远都不可能保持绝对的道德中立——无论它是多么地令人着迷。

最重要的是，忠于自己。

附录 得到听书文稿：想要解决问题，先得搞懂什么叫"问题"[1]

解读人：成甲，《好好学习》《好好思考》作者

关于作者

本书作者分别是美国的唐纳德·高斯和杰拉尔德·温伯格。

唐纳德·高斯是纽约州立大学托马斯·沃森工程学院的系统科学教授。他主要从事复杂系统的设计和开发，以及大型公司的改革。

---

[1] 本部分内容引自得到 APP 解读本书的听书文稿，已获得到 APP 官方授权，特此感谢。得到听书是得到 APP 的一款音频类知识产品。

杰拉尔德·温伯格是软件领域最著名的专家之一，美国计算机名人堂代表人物，Weinberg & Weinberg 顾问公司的负责人。目前已经出版了超过 30 本广受欢迎的著作，在全球有非常庞大的读者群体。

关于本书

本书通过 20 多个生动有趣和发人深省的小故事，讨论了解决问题的过程中要注意的问题，为避开思维陷阱指点迷津，并教我们如何通过训练思维能力找到真正的问题所在。

核心内容

第一，在遇到问题阶段，最常见的陷阱是什么？

第二，在解决问题阶段，高效思考的方法和技巧是什么？

第三，在重新审视问题阶段，真的想解决问题吗？

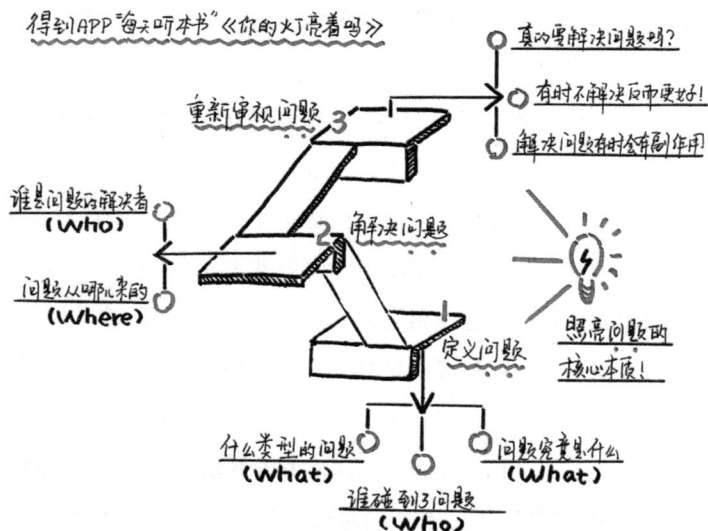

得到APP "每天听本书"《你的灯亮着吗》

重新审视问题 3

真的要解决问题吗？
有时不解决反而更好！
解决问题有时会有副作用

谁是问题的解决者
（who）

问题从哪儿来的
（where）

2 解决问题

照亮问题的
核心本质！

定义问题

什么类型的问题
（what）

谁碰到了问题
（who）

问题究竟是什么
（what）

本书脑图（绘制：摩西）

前言

　　今天和你分享的书叫《你的灯亮着吗》。作者有两位，分别是美国的唐纳德·高斯和杰拉尔德·温伯格。

　　对于这两位作者，中国的读者可能不太熟悉，但其实他们在美国是非常有名的演讲家和咨询师。唐纳德·高斯是纽约州立大学的一位教授，主要研究复杂系统的设计开发，以及怎么在大型公司内部进行改革。另一位作者是杰拉尔德·温伯格，这个人很厉害，他是数据处理领域最久负盛名的作家之一。你知道吗？他曾在 1997 年的时候入选美国计算机名人堂首批 5 位成员，这个名人堂到今天也不过只有 20 名成员，我们熟悉的比尔·盖茨、戴尔电脑的创始人迈克尔·戴尔，都是名人堂的成员，所以可想而知，温伯格在计算机领域的地位是非常高的，他目前已经出版了超过 30 本广受欢迎的著作，在全球有非常庞大的读者群体。

计算机数据处理这个领域，本质上就是分析和处理问题。在今天这本书中，两位作者给我们分享了找到真正问题的方法。书的名字叫《你的灯亮着吗？》，听起来让人有点困惑，为什么是讲一个灯亮不亮的话题呢？其实**这本书告诉我们，解决问题的过程是有阶段性和层次的，每个阶段都有要注意的问题。换句话说，在每个阶段都有让我们一不留神就掉入的陷阱，避开这些陷阱，才能让我们找到真正的问题所在。**大多数人解决不了问题的时候，往往觉得是问题很难，但在很多情况下，其实更有可能的是自己思考问题的方法错了，掉入了思维的陷阱。这本书就像一个手电筒，帮你我照亮那些陷阱，就像书的副标题所说，"找到真问题"。那么，"你的灯亮着吗？"具体是什么意思呢？读完本文，大家也就知道了。

这本书首次出版于 1982 年，到现在（2022 年）已经有 40 年的历史了。能够在这么长的时间里畅销不衰的书，其实少之又少，可想而知，这本书有多么经典。虽然内容并不多，但是每个通俗易懂的故事背后，却都有着深刻的意义，值得我们深入思考。

书中的故事如果按照解决问题的过程划分的话，大致可以分为三个阶段，分别是遇到问题、解决问题和重新审视问题。具体而言，我认为这本书对我们有三点启发：

第一，遇到问题阶段，我们最常见的陷阱是什么？

第二，解决问题阶段，帮助我们高效思考的两个关键点是什么？

第三，重新审视问题阶段，问问我们自己：真的想解决问题吗？

第一部分

先来看第一部分，我们在遇到问题时，最通常的反应就是：那我们开始解决问题吧。可是作者说，这个最正常的反应，其实就是我们最大的误区。你可能会觉得很奇怪：遇到问题不就该解决问题吗？怎么会成为最大的误区呢？先来看作者在书中举的一个例子。

有一座大厦刚建好没多久，电梯就不够用了，一到上下班高峰期就非常拥堵，于是经常有租户向这个大厦的房东抱怨等电梯时间太长，甚至威胁说要搬出这个大厦。因为租户持续不断地抱怨，导致房东不得不考虑去解决这个问题。大厦里有个叫彼得的邮差，成为了解决这个问题的人选。彼得面对这个问题，立刻思考解决方案，他想：现在大家因为等电梯时间很长，所以都在抱怨，如果我在等电梯时，每层电梯旁边多装一面镜子，这样大家在等电梯的时候就会去照照镜子，检查一下自己的仪表，那么大家就会觉得等电梯的时间没那么长了。结果镜子一安装上，果然大家投诉的声音少了很多。安装镜子的成本很低，大厦的房东很满意，彼得的老板也很开心问题得到了解决，还给彼得涨了薪水，彼得自己也很有成就感。

你看，彼得第一次就成功地解决了问题。但好景不长，没多久，原本很干净的镜子上面就有了很多涂鸦，太不雅观了，很多人又开始抱怨，怎么这个大厦环境这么差呢？所以彼得又面临了这个新问题，他很努力地寻找解决方案，结果他发现，其实只要人们不要注意到电梯运行得慢就行了，至于是停下来看镜子还是看涂鸦，有什么区别呢？所以他干脆就在镜子旁边放了一只蜡笔，这样每个等电梯的人都可以在镜子上画上自己喜欢的图案，这样他们就不会觉得电梯很慢了。果然，这一次问题又得到了解决，人们因为有了很多涂鸦的创意，反而觉得很开心。可是时间一久，这些涂鸦变得越来越不可控，于是又有一部分很不喜欢这种涂鸦的人开始向市容整肃协会抱怨说，这些图案有碍观瞻。你看，我们的彼得又面临了第三个问题。

关于这个故事，先讲到这里，你有没有发现这样的场景生活中很常见，我们遇到某些问题时，努力想办法找解决方案，甚至在这个过程中还学到了很多新的技巧，就像故事中的主人公彼得一样，他学习能力很强，很有创意，能够想出用镜子、涂鸦的方式来解决人们等电梯的问题。然而**可悲的是，我们以为自己在很努力地解决问题，而且从中获得了成就感，但是很可能，我们只是在创造原本并不存在的问题，在解决问题的幻觉里自嗨而已。**为什么？让我们回到彼得的这个故事，你们就知道了。

原来，隔了一段时间，厂家检修电梯的时候才发现，电梯主控箱里面有一个继电器被老鼠咬断了，导致电梯的运行速度严重下降，所以重新修复了继电器后，整个大厦的电梯速度就正常了，人们再也不用在电梯前焦急等待和抱怨了。这个时候你会发现，此前邮差彼得的所有努力全是无意义的。为什么会这样？为什么做了那么多努力，付出了那么多时间和金钱以后，彼得的努力在最后看起来没有意义呢？这就是因为，**我们遇到问题的时候，如果只是立刻寻求解决方案，很容易掉进思维的陷阱。**那应该怎么做呢？作者说，拿到问题第一件要做的事不是去想该怎么解决问题，而是去想怎么定义问题，思考真正的问题究竟是什么。

什么是定义问题？定义问题是指遇到问题时，不要跟着思维习惯走，直接给出解决方案，而是先问自己几个问题再给答案。比如：这是什么类型的问题？谁碰到了问题？问题是什么？换句话说，问题的本质是什么？

要把问题定义清楚，最重要的一个步骤，就是要问"这个问题究竟是谁的"，也就是"是谁碰到了问题"。比如在电梯这个故事中，邮差彼得拿到的问题就是老板交给他的任务，告诉他租户在抱怨，所以他要解决租户抱怨的问题，因此对他而言，似乎问题默认就是租户的。但其实如果我们不着急立即着手行动，而是多深入地思考一下，就会发现电梯运行缓慢的问题其实更应该是属于电梯维修工的。如果一开始彼得就把问题定义为是维修工碰到了问题，那他之后的绝大部分工作都能够被精简。这个答案听起来很简单，但是谜底总是在被揭开的时候才让人觉得简单。大多数人在生活中往往就是不定义问题就立即行动，结果在错误的方向上浪费了太多时间。

此前我看过一个段子，说有一个人看书的时候发现，书上说吸烟会导致高血压、肺炎、肺癌等很多严重的疾病。这个人看到这儿赶紧合上书，猛地深吸了一口烟说：书上写得太恐怖了，吓死人了，以后再也不看书了。你看，他把问题定义成书的问题，解决方案就是不看书。其实生活中有很多类似情况，比如论坛收到了负面的评论，解决方案就是关闭评论；考试没考好，解决办法就是偷偷修改分数。其实我们都像邮差彼得，常常没有去定义问题，或者说在不自知的情况下就定义了错误的问题，然后立即采取行动，这样南辕北辙，越勤奋反而错得越多。这是作者教给我们的、在解决问题时会遇到的第一个大坑。要绕开这个大坑，就要先定义问题，再去解决问题。

第二部分

定义了问题之后，就要进入解决问题的阶段。解决问题时有什么要注意的事项吗？这就是今天要聊的第二个话题。我们在具体解决问题的时候，往往更关注"要花多少钱？花多长时间？有什么方法来解决？"。但作者说，其实大多数人没有意识到，这些事情往往并不是最需要优先考虑的。**真正能够帮助我们高效解决问题的关键点，是从两个方面去思考：一方面是"这个问题该由谁解决"，另一方面是"这个问题的来源是什么"。**

先看第一个关键点：问题该由谁来解决？前面我们说的是"这是谁的问题"，意思是"谁碰到了问题"。现在说的是"问题由谁来解决"，意思是"谁是有能力解决问题的人"。想象一下，如果你是一位大学老师，班级里面有 11 名学生，其中有一名学生每次上课都在抽烟，把教室里搞得烟雾缭绕，其他不抽烟的同学就很受不了，可是那位抽烟的同学根本没有意识到大家的反应，依然我行我素，照常抽烟。你作为老师会怎么做呢？你是不是会制定一个新的班级制度，不允许在上课的时候抽烟，或者你找那位同学单独谈话，严厉地批评他、教育他，让他要为别人着想。可是，你知道书中的这位老师是怎么解决问题的吗？事实上老师完全没有去管这件事情，是学生们自行解决的。学生们组织了一次讨论会，讨论教室内的空气污染问题，经过和那位吸烟同学的反复沟通，大家最后达成一致，那位同学同意上课不再抽烟，条件是大家每周上课时轮流带好吃的零食一起分享。教室里不仅没有了烟雾缭绕的问题，而且大家有机会品尝各种美味，问题得到了圆满的解决。

这件事情给我们最大的启示，不是这些同学们的解决方案，而是老师没有去干涉，反而让学生自己解决。**对大多数人而言，遇到问题时总是直接想：我该怎么做？但是作者提醒我们，要先想想"这问题该由谁来解决"。如果有更好的解决者，那就把它交给别人，我们不要越俎代庖。**说白了，子女的问题就由子女去解决，父母的问题就由父母去解决。可是，生活中常常发生的却是，明明是别人的问题，你却像居委会大妈一样热心参与进来，反而使得问题越来越复杂。假如这位老师直接介入到学生的问题中，制定班规或者对吸烟的学生进行批评，不见得会比现在的结果好。

可是在生活中就是会掉入这样的"坑"里，老板和同事告诉我们一个问题或者拜托一件事情的时候，我们首先想到的是怎么解决或者拒绝。但其实我们首先应该想的是：自己真的是解决这个问题最适合的人选吗？找到我，是不是意味着我一定是最好的问题解决者呢？其实未必，只是我们很少这样去思考罢了。所以在解决问题的时候，最好先思考"这个问题由谁来负责解决"。

如果你具备了这种思考问题的能力，就会发现一种情况，那就是遇到问题的人和能解决问题的人，有时不是一个人。什么意思呢？比如员工每天加班到很晚，觉得工作量很大，可是，安排工作的老板没这种感觉。此时，遇到问题的人是员工，但解决问题的人是老板。遇到问题的人和能解决问题的人不是一个人，在这种情况下，我们怎么办呢？

书中就介绍了这么一个案例：一所新的大学成立后，学校的人数增长得非常快，很快，学校内的停车位就不够了，尤其是，位置好的停车位严重不足，有时候大家要到距离教学楼一公里远的地方，才能找到一个小小的停车位，停车难就成了一个很严重的问题。很明显，这个问题只能由校长来解决，只有他有能力增加停车位的数量，可是校长并不关心这件事儿。为什么？因为校长有自己的预留停车位，他不觉得停车有什么困难。换句话说，他也没有动力去解决这个问题。遇到这种情况，该怎么办呢？

大多数人的一种解决方案是，让问题的解决者感受到问题的严重性。比如，如果老板不关心你长期加班的问题，你就可以告诉他加班的代价，比如项目质量下降。学校停车难，学生们为了让校长意识到这个问题，就故意抢占校长的停车位，让校长也没有地方停车。有时候，问题解决者意识到了问题，就会介入其中解决，可是有时候，问题的解决者仍然不愿意解决问题。比如书中这个案例，校长恼羞成怒，决定占有他停车位的学生一律开除。他宁可这样做，也不愿意去解决停车难的问题。事情陷入了僵局。遇到了这种情况，又该怎么办呢？

到这里，作者引出了他的一个观点，他认为**在没人对遇到的问题承担责任的时候，我们可以暂时将责任归到自己身上。或者说绝大多数的问题，不仅仅是别人有问题，其实我们都能从自身找到导致这个问题的原因，只不过大多数时候我们都习惯于把责任推给别人，归到外部而已，这也让我们很难看到解决方案的新的可能性。**就学校里面停车难这个问题来说，作者就建议大家采用新的思考方式，想想自己是不是有责任。从自身的角度上想，自己到学校的时间太晚，才导致必须用较近的停车位才不会迟到。像这样，如果我们能够意识到自己也有问题，就可以提早出发，那么即使到离教学楼远一点的地方停车也没关系，正好能够多走一段路程，当作自己每天繁忙工作之余的锻炼，这样车子有地方停了，同时还增加了运动的时间。当大家都承担自己的责任时，这个问题就得到了有效的解决。

你看，这是作者教给我们的、在解决问题阶段的第一个思考关键点：这个问题应该由谁来解决？

第二个思考关键点，就是要弄清楚这个问题是哪儿来的。什么叫"问题是哪儿来的"呢？举几个简单的例子，如果在考试的时候，你知道题目是哪一位老师出的，你就会知道这位老师可能更想要看到什么方向的答案；如果你知道这次汇报的议题是哪位领导批示的，那你就会知道这份议题背后想要实现的目标是什么。换句话说，同一个问题，当由不同的人提出时，答案可能是完全不同的。

我们在生活中遇到的各种问题，潜在的答案可能有无数种。如果按部就班地一个一个尝试各个答案，解决问题的效率就会特别低。可是，当我们问一问这个问题的来源，知道了"来自谁？它可能的利益诉求是什么？"，从这个方向去思考，往往就会发现，其实最佳答案的方向是很清晰的。搞清楚问题来源，就能对解决问题起到事半功倍的作用，所以这就是解决问题阶段的第二个思考关键点：寻找问题的来源。

第三部分

我们现在已经知道，遇到问题时要先定义问题，再找解决方案，而在解决问题时，我们又学会了两个思考问题的关键点，那么关于问题的注意事项，是不是就说完了呢？作者说并不是，还有最后一个很容易忽略的阶段——重新审视问题阶段：我们真的想解决问题吗？

这个话题听起来很奇怪：我们本来就是要解决问题的，为什么会这样问？**这就是这本书的价值所在，他会提出很多我们从来没有思考过的问题，而这些问题却是至关重要的，要知道，能够弥补思维漏洞的问题才是真正的好问题。**

我们常常觉得，能够解决问题的人必定是一个优秀的人、能力出色的人，但作者说，实际上在很多种情况下未必是这样。比如，我们之所以会付出很多时间和精力去解决一些重要的问题，是因为有这样一个假设：重要的问题意味着答案也是重要的。但有时候情况是这样的：问题很重要，答案却未必那么重要，甚至可能是没什么意义的。

书中举了一个例子：有一位密码专家，他需要破译一个欧洲国家在外交工作中使用的密码。这个问题很重要吧？所以，这个密码专家花了 18 个月的时间，不断努力，在全世界最强大的计算工具的帮助下，终于确定了外交官使用的密码是什么，然后这个密码专家又努力了 8 个月的时间，才破译了数据的内容。当他按捺不住激动的心情去把破译的密码翻译过来的时候，发现密码的内容仅仅是一些账目的名单，比如买了多少瓶葡萄酒、多少瓶威士忌等。一项破译密码的重要工作，最后得出来的答案却是毫无意义的。

有时候看似在解决重要的问题，其实最后的答案可能是没有意义的。人生不也是这样吗？我们很可能会追求金钱、追求名誉、追求地位，但是这些真的重要吗？可能有些东西根本不是我们想要的，那我们是不是真的要解决这个问题呢？

除了这种问题重要但答案可能没那么重要的情况之外，还有一种情况就是，问题很严重，但是解决了这个问题可能带来副作用，产生更严重的问题，那还要不要解决这个问题呢？这就好比一个人身负重伤，一支利剑刺入了胸膛，这当然是很严重的问题，可是你真的要解决它吗？如果把剑拔了出来，这个人死得会更快。

书中举了一个例子：在美国，有家玩具公司请了一个外部的智囊机构来解决关于降低运输成本的问题。原来，他们在美国的东部、中部和西部各设置了一个玩具厂，他们希望能够把三个地方高额的运输费节省下来。结果这个外部专家进行了大量认真而详细的工作调研之后得出了一个结论，说应当把东部和中部这两个成本高的工厂全都关闭，产能集中到西部的工厂，这样成本最低。问题似乎得到了圆满的解决，但是公司的三位副总裁一致否决了这个方案。为什么呢？原来，董事长住在东部，如果把工厂只开在西部，董事长可能会很不高兴。问题虽然很严重，但是如果解决方案带来的问题更严重，他们宁可不去解决这个问题。

其实，这样的例子在生活中又何尝不是经常发生呢？为了解决害虫吃粮食的问题，大量地用农药，结果又导致了地球生态环境恶化这个更严重的问题，这不就是因为，我们只是想解决一个问题，但是从没想过解决后的结果是否真的是我们想要的吗？所以，不要问某个问题能不能得以解决，而要问：问题被解决后产生的后果真的是我们想要的吗？这也是我们需要去思考的。

不过，最有意思的还不是这两种情况，而是第三种情况：我们虽然是问题解决者，但同时也是问题的制造者。举个例子，早些年各大媒体都在播报计算机病毒的问题，可是这些年似乎这个情况少了很多，为什么呢？这是因为，早些年的杀毒软件之所以能生存，就是因为有病毒，所以如果没有计算机病毒，这些公司就要垮掉。因此，他们必须制造很多病毒，才能让自己变得有意义和有价值，而现在杀毒软件免费了，他们没有太大的动力做这件事情，反而使得病毒的情况比以前减轻了很多。

就像作者在书中举出的例子：裁军委员会每天忙着裁军，但是他们并不想真正地去裁军，因为如果军队真的没有了，他们的工作也就没有了。很多的公司管理层也一样，他们天天在管理问题，但可能很多时候他们也要制造问题，因为如果没有问题，他们也就没有存在的意义和价值了。所以，如果你是这个位置的决策人，你是不是真的还想解决问题呢？

总结

这些就是《你的灯亮着吗》这本书想给我们讲的核心内容。让我们回到书名"你的灯亮着吗？"，这句话到底是什么意思呢？

其实它的意思是说，**在解决问题的过程中有很多陷阱，先点亮自己的灯，问一问自己是不是有这些问题，点亮这盏灯提醒自己避开那些陷阱。**

总的来说，这本书的内容大概有三个层面。

第一个层面，在遇到问题阶段，我们要注意不要一上来就立即解决问题，而是要先去定义问题：究竟是谁碰到了问题？这是什么类型的问题？问题究竟是什么？只有定义清楚问题，才能真正找到高效的解决方案。

第二个层面，解决问题的阶段，有两个思考关键点要注意，第一个是弄清楚"究竟谁是问题的解决者"。有时解铃不是系铃人，需要主动思考。第二个思考关键点是，要思考"问题是从哪里来的"。找到问题的来源能够帮助我们更快地聚焦最可行的解决方向，从而提高解决问题的效率。

最后，第三个层面，还要重新审视问题：我们真的想要解决问题吗？有些重要的问题，答案却未必重要。而有一些问题，不解决它反而更好，所以你的解决方案会不会带来更严重的副作用，是你先要思考的。

版 权 声 明